AF405563

HOMENAJE A LILLIAM MORO

DOSSIER

Editor y curador Héctor Manuel Gutiérrez

Editorial Dos Islas

HOMENAJE A LILLIAM MORO

DOSSIER

DISEÑO DE PORTADA: Odalys Interián

ISBN: 9798837490880

DOSSIER HOMENAJE A LILLIAM MORO
HÉCTOR MANUEL GUTIÉRREZ 2021-02-13 04:25:23 GMT Registro de obra: 312240849

Editorial Dos Islas

MIAMI, 2021

HOMENAJE A LILLIAM MORO

DOSSIER

Editor y curador Héctor Manuel Gutiérrez

ÍNDICE

INTROITO

NOTAS AL VUELO

La consciencia en el cuerpo de Lilliam Moro nos abandonaba por segunda vez el 14 de marzo del 2020. Era la culminación de un proceso que, además de doloroso, fue precipitado, debido más que nada, a las complicaciones de la pandemia, como bien saben los contribuyentes al presente trabajo. Pocos días después del deceso en Miami, intercambié un inusual número de llamadas telefónicas, a la vez tristes y desesperadas, de y al móvil de Lilliam, que quedó en posesión de su esposa. En uno de los intercambios, la imagen de Julia con su cubre-bocas en la pantallita del mío, me sorprendió. Ya estaba sentada en un avión rumbo a Europa, tras la terrible odisea de conseguir un asiento en uno de los pocos vuelos disponibles que no le garantizaba estar a salvo de la contaminación del mal. Éramos presa del caos global que ya invadía a los Estados Unidos, no sin antes producir estragos en Italia y en la mismísima España que la esperaba.

La idea de un dossier homenaje, nació en medio de una conversación entre Lilliam, Julia y yo, en la que abordábamos el tema de su retorno a los vivos, después de varias semanas en estado de coma. Tuvo lugar en una de mis visitas a su último hogar, un modesto apartamento en Liberty City, situado a unos pasos del Auditorio Joseph Caleb Center. Una vez compartidos los pormenores de aquella, su "primera muerte," como ella misma la describía, me dijo, resguardada en una impresionante convicción "Héctor, yo creo en milagros", a lo que inmediatamente, sin previo ensayo respondí: "y yo también". Por supuesto, ahora puedo revelar que tomé la frase de nuestra amiga como una señal de aprobación al proyecto que en ese preciso instante germinaba en mi *ínsula*.[1]

Con un poco de osadía e imaginación y el visto bueno de Julia, escribí la convocatoria. Entre los dos, empezamos a hacer los contactos, ella desde Madrid, yo desde Miami. La acogida entre muchos de los escritores, lectores o simplemente personas que la conocieron, fue muy cálida y solidaria. Recibimos unas tres decenas de promesas y poco a poco empezaron a llegar las contribuciones, constituyendo éstas dos tercios del número original. Cada una de ellas traía una visión muy particular, acorde con el carácter y entorno de quien las escribía, pero todas, en su naturaleza y motivación intrínseca, se complementaban y encajaban amorosamente en nuestro afán totalizador. En nombre de mi aliada en el proyecto y el mío propio, agradezco con genuino espíritu de camaradería las contribuciones de los individuos que, con esfuerzo e interés, hicieron posible la realización de este humilde y merecido reconocimiento a la obra y ejemplo de nuestra Lilliam Moro.

---

[1] "También considerada como el quinto lóbulo cerebral, la *ínsula* es una región tan desconocida como crucial para entender nuestro comportamiento. Hay quien dice que es aquí donde se localiza el núcleo de nuestra 'conciencia'. De momento, los neurólogos sólo nos avanzan que esta estructura funciona más bien como el manantial de nuestras emociones, el asiento de nuestra empatía y el cofre de nuestra intuición, que es en gran manera, responsable de las inquietudes relacionadas con la creatividad." El concepto no es mío: es un extracto de numerosos estudios que relacionan esta región cerebral con el duende estético. Para los escépticos, me permito hacer referencia a uno de ellos: PENFIELD W, FAULK ME Jr. *The insula; further observations on its function. Brain.* 1955; 78(4):445-70. doi: 10.1093/brain/78.4.445. PMID: 13293263.

Mi intervención en la peculiar colección de acercamiento y evaluación a la poeta cubana que hoy recordamos no debe ir más allá de esta especie de introito. No soy más que un fiel catalizador y curador. La labor entusiasta, conocedora, personal y espiritual en unos o literaria y académica en otros, es más que suficiente para darle forma y contenido al proyecto. Soy uno de esos afortunados que han leído su obra antes de conocerla. Más de uno de los poemas de su autoría, recopilados, o más bien rescatados por mi colega y amigo Jesús Barquet, en su historiográfica antología de autores de *Ediciones El Puente*, me conmovieron cuando me tocó visitar sus textos por primera vez. Ya a temprana edad mostraba una angustiosa visión existencial que coqueteaba con la muerte, como vemos en una de sus creaciones:

Mi vida

es una larga sucesión de esperanzas

recomenzada antorcha de luces consumidas

emergidos cadáveres que surgen del recuerdo

contorsionando el alma

mientras los dedos bailan

esta canción ajena

lejana

indiferente [2]

---

[2] (poema "Casablanca" tomado de Ediciones *El Puente en La Habana de los años 60*, 1ra. Edición, enero del 2011, pág. 611)

Cuando llegó el día en que pude estrechar su diestra o darle un abrazo hermano, para mí el momento fue, más que epifanía, una confirmación. Afortunadamente no estoy solo en este criterio. La cristalización de esta compilación es prueba fehaciente de ello, pues a todo lo largo de los enfoques del dossier se respira la adherencia a una poesía o narrativa que no es selva impenetrable o laberinto de imposibilidades, como muestra el segmento que cito. Las razones para crearlo sobraban. Entonces, ¿Para qué esconder un hecho tan obvio? Conocer a Lilliam Moro, fue siempre un caer bajo el hechizo de su luz. Es decir: al leerla salta a la vista una feliz coincidencia de la esencia de la mujer que conocimos y un imaginario transparente que fascina. No se pulsa en sus trabajos lucha alguna por convencer a críticos empedernidos, que sí los hay, ni convertirse en la mujer poeta que se acomoda a todos los gustos. Tampoco es imprescindible que así sea. Su mayor empresa, su innata intencionalidad, no es competir, ni siquiera persuadir: es, sencillamente, en el más ingenuo y modesto sentido metafísico, ser.

¿POR QUÉ UN DOSSIER HOMENAJE A LILLIAM MORO?

De mi época de estudiante universitario hace ya décadas, recuerdo una anécdota que me resultó simpática y didáctica a la vez. En una feria de las flores [eufemismo medieval para lo que hoy llamaríamos un festival de poesía] me tocó a mí presentar a la organizadora del evento, mi profesora favorita de aquel entonces. Con profundo respeto y admiración, dije tímidamente al micrófono: "Recibamos con un cálido aplauso a la poetisa Diana Ramírez de Arellano". Ostentando aquel apellido de alta alcurnia, no por matrimonio, sino como legado materno, la excéntrica y popular maestra de entusiastas futuros poetas salió al escenario y cariñosamente agradeció la presentación. Acto seguido, con su acostumbrado sentido del buen humor, me dijo [verbatim y con voz amplificada por los parlantes de un auditorio repleto de estudiantes y profesores]: "Héctor, la próxima vez que me llames 'poetisa', pues te llamo a ti también poetiso."

Aquel momento quedó grabado en mi *insula* como una lección de luminosa gravedad. El tono jocoso de la educadora celaba, de modo sabio y sutil, importantes permutaciones conceptuales, en este caso, razones feministas que hasta ese momento no habían repercutido en mi cerebro. Como buena conocedora, la catedrática supo inculcarme, además, las implicaciones lingüísticas del vocablo, que, para mí y quizás para el resto de la audiencia, todavía no eran tan obvias. De ahí que, desde ese entonces, las llame a todas, poetas, con la salvedad de la P mayúscula, signo que utilizo cuando me refiero a una "poeta poeta", como describía mi amiga Lilliam Moro[3] a los rapsodas de su preferencia.

"Todo se transforma," dice la canción del uruguayo Jorge Drexler, y la percepción se aplica a tantas cosas, que más que un concepto teo-filosófico, es ya una entidad generalizada. Gracias en gran parte a los cambios utilitarios de los vaivenes de nuestra contemporaneidad, el surgimiento, modificación y adaptación de viejas y no tan viejas palabras, gana gran proliferación y con frecuencia se asocia a infinitos campos del entendimiento. Como consecuencia de la libertad de uso y abuso, más la inmediata aplicación en la praxis, los significados y malentendidos se multiplican. Y ni hablar de la adulterina interpretación. El fenómeno ya no nos sorprende, pues la increíble rapidez con que se extiende la aparición de nuevas palabras en los medios sociales es irrebatible. Desafortunadamente, con el auge cibernético, las transformaciones no son siempre profundas o trascendentes. Quiéranlo o no, con los avatares socio-económicos que impulsa la tecnología mediática de nuestros tiempos, la lengua de Cervantes también se deteriora o, en el menor de los casos, se sofistica. Si tiene usted alguna duda al respecto, hágales una visita a las arcas de las academias de la lengua española y verá que la evidencia de este principio es avasalladora.

Lo que abordo más arriba nos lleva al término *dossier*, galicismo comúnmente aceptado en cuestiones relacionadas con archivos de documentos y otras entidades sistémicas de usos variados. Originalmente significó un paquete de papeles, derivado de la palabra *dos* que significa detrás. Esto se refiere a las etiquetas que se fijan a la parte posterior o la columna vertebral de los archivos. La versión más aceptada es, y cito: "un documento escrito, en soporte

---

[3] La Habana, 1946, Miami 2020.

físico o en versión digital, que presenta información sobre varios aspectos de un individuo o una institución, ya sea de carácter público o privado. El término, si bien no parece pertenecer a nuestra lengua, muchos diccionarios de español lo adoptan como un giro ya instaurado que no necesita de una traducción específica para que otra persona entienda de qué se está hablando. Asimismo, *dossier*, si quisiéramos traducirlo, significa expediente o 'informe."[4] [Fin de la cita].

Sin embargo, en el universo de la literatura, el giro asume otra dimensión y — ¿por qué no? — otra exclusividad. Y es esa exégesis genérica, la opción parlamentaria a que me refiero. En un *dossier* de esta naturaleza, se ensamblan nombres de escritores y poetas con el común denominador de evaluar la labor de colegas conocidos a nivel personal o a través de sus obras.

En nuestro caso en particular, concebirlo, planearlo y hacerlo realidad, resultó ser un experimento lleno de desafíos. Fue una tarea que, debido a la tiranía global de la pandemia y a situaciones relacionadas con la distancia [en ocasiones en el sentido metafórico], no estuvo exento de dificultades. Mas los inconvenientes perdieron relevancia, a medida que la empresa se nutría del amor, calor y disponibilidad de los contribuyentes que se sumaron al llamado del editor.

A estas alturas, establecida y re-visitada la noción que nos ocupa, puedo responder con espontánea lealtad a la pregunta del

---

[4] Bibliografía: Concepto definición de, Redacción. (Última edición: 30 de julio del 2019). Definición de Dossier. Recuperado de: //conceptodefinicion.de/dossier/. Consultado el 19 de enero del 2021.

título. Existen sólidas y bien fundamentadas razones para crear un documento que conmemore la presencia de la poeta Lilliam Moro en nuestro contorno cultural. Además de ser un gesto de apreciación y admiración, sería un acontecimiento justo, necesario, a la vez crucial y festivo. De ahí que, por legítima propiedad, lo llamemos *dossier*, con todo el rigor que se merece esta autora.

Para robustecer el tema, permítanme traer a colación su reacción a una pregunta incluida en una breve entrevista que publiqué no hace mucho. Entre otras cosas, en ésta me interesaba percatarme de sus reflexiones existencialistas, después de haber "regresado" de un largo estado de coma:

"El mito del Ave Fénix —me decía Lilliam— simboliza la capacidad del ser humano de pasar de su total destrucción a una profunda regeneración. Una vez que se ha cruzado el umbral de lo Desconocido, ya no se es la misma persona. El agradecimiento por una segunda oportunidad te obliga a la benevolencia con el resto del mundo, a manejar la realidad con más flexibilidad, tratando de soltar las amarras de la rigidez de ciertas verdades absolutas. En mí no se produjo un giro de ciento ochenta grados, sino un fortalecimiento de mi actitud de fluir con los acontecimientos, el aceptar que todo lo que sucede tiene un propósito, aunque nunca logremos saber cuál es, que el azar no existe y que no podemos competir con Dios, porque, en definitiva, estamos inmersos en un Misterio que es imposible de interpretar. No hay mayor incógnita que el Amor, pues no se puede explicar, solo dejarse poseer por él y ser su canal de expresión. El Amor es la metáfora de Dios."

Con estas palabras lapidarias, puedo concluir que el proyecto es, y seguirá siendo, un esfuerzo más en la serie de acercamientos que, en sus intentos de recordar a la poeta, la reviven y renuevan.

Hago constancia de que ese Amor con letra mayúscula al que se refiere, se extendía a su afición a la escritura. Sus últimos dos libros, que concibió ya consciente de que no tendría la oportunidad de escribir más, son prueba fehaciente de su dedicación. Son a la vez una confirmación de las alusiones epistemológicas en la cita.

Los familiarizados con el espléndido imaginario de Lilliam, su órbita creativa y halo espiritual, encontrarán en esta compilación, además de una cuidadosa selección poética, un abrazo familiar; quizás un íntimo y consolador apretón de manos o una sonrisa de camaradería, como muestra la foto. Para los que no la conocen, las ofertas de los colegas serán una noble remuneración a sus inquietudes de lector, una puerta abierta y útil a un mundo por descubrir.

Héctor Manuel Gutiérrez, editor

DE LUIS DE LA PAZ

CON LILLIAM MORO

Entrevista realizada el 4 de marzo del 2020

A mediados de diciembre del 2019 me encontré en la librería *Books & Books* de Coral Gables con Lilliam Moro. Estaba muy animada, acompañada por Karime Bourzac, asistiendo a la concurrida presentación del libro *Sin ir más lejo*s, autobiografía del escritor Carlos Alberto Montaner.

Conversamos un rato y me contó que tenía lista una novela y que aguardaba el resultado de un concurso literario antes de decidirse a publicarla. Se le veía muy entusiasmada con lo que sería su segunda novela. Como siempre su voz estaba custodiada por un jipido, al faltarle el aire, mientras me indicaba que era una novela histórica. De su salud me dijo que su corazón estaba cada vez más débil, pero que se sentía en general bien.

En enero del 2020, tuve como invitada en mi espacio cultural mensual, *Viernes de Tertulia*, a la escritora María Eugenia Caseiro para la presentación de *Viajeros: diez poetas hiperbóreos*, un libro compilado y editado por Caseiro, en el que aparecían poemas de Lilliam Moro. Se esperaba la participación de varios de los antologados, entre ellos Lilliam, pero ella no llegó. "No se sentía bien", mandó a decir disculpándose.

A finales de febrero, mientras ya se comenzaban a escuchar comentarios sobre los estragos de un virus mortal que desde China se expandía por el mundo, recibo un mensaje de Maritza Moro, hermana de Lilliam, donde me decía que su hermana estaba muy enferma, con un cáncer agresivo y que estaba en fase terminal.

Alarmado llamé a Reinaldo García Ramos, amigo de Lilliam desde la época de las Ediciones El Puente. Tan amigos, que si alguien sabía qué estaba pasando en realidad sería él. Su respuesta me tranquilizó un poco, confirmó la enfermedad, pero negó que estuviera terminal.

Pero ya los comentarios eran muchos, cada vez más terribles. Conversé con ella por teléfono y me confirmó que estaba enferma y que le hacían pruebas médicas. Luego la internaron en el hospital y fui a verla. En realidad, la encontré muy bien físicamente, pero ella misma se refería a lo agresivo de su padecimiento. Su esposa, Julia, luego me dio más detalles.

Durante aquella visita al Hospital Jackson Memorial, me habló de nuevo de su novela, *Las reencarnaciones de Mamá Inés*, y añadió otro libro listo para publicar, un poemario, *Ese olor a después*. Tomando en cuenta su estado, el título causaba un impacto sobrecogedor. Luego dijo que se trataba de poemas escritos en los últimos tiempos. Pensé en qué pasaría con esos libros si ella moría, pero no tuve necesidad de buscar un subterfugio para decirle que tratara de publicarlos de inmediato. Me habló que estaba en proceso de edición con Karime, que juntas habían decidido fundar una editorial, Ediciones Furtivas, que abriría con esos títulos. Me ofrecí para ayudar en lo que pudiera para que esos libros estuvieran listos lo más pronto posible. Karime, que estaba presente, me dijo que ya tenía la maquetación y prueba de los libros, incluso me mostró en su teléfono los proyectos de portadas. Invité entonces a Lilliam para que los presentara en Viernes de Tertulia, el 21 de febrero, y la idea le iluminó el rostro, se llenó de vitalidad. Faltaba alcanzar la fecha.

Atesoré la idea de que Lilliam leyera poemas de su libro y fragmentos de la novela. Completaría el evento con familiares y amigos para que estos leyeran también poemas de la reconocida escritora cubana, cuya vida se estaba apagando. Deseaba hacer una fiesta literaria, una celebración de vida en vida; la mejor manera de despedir a un escritor.

El 21 de febrero, Lilliam no estuvo en condiciones de asistir. El mismo día del evento, en la mañana me confirmó su asistencia. Al medio día Julia me llamó y me dijo que estaba débil. A las 4 de la tarde Lilliam me volvió a llamar para decirme que estaría presente. A las 8:30 pm, hora de comenzar Viernes de Tertulia, ya sabía que no llegaría. Lilliam deseaba participar, pero su cuerpo no le respondía, ya casi no podía caminar, se agotaba a los pocos pasos. Para animarla le propuse hacerle una entrevista grabada en video.

El encuentro de Viernes de Tertulia fue emotivo, se leyeron poemas, se dijeron cosas muy lindas de Lilliam, que vio el video de la tertulia en vivo, pues se transmitía por Facebook Live. Participaron Reinaldo García Ramos, Carlos Alberto Montaner, Glendys Villar, José Abreu Felippe, Sergio de los Reyes que viajó expresamente desde Canadá para estar presente, Franky de Varona, Karime Bourzac y Héctor Manuel Gutiérrez.

Hablé con Julia y le dije que cuando ella la encontrara en condiciones, me avisara y yo iría a grabarle la entrevista. Así ocurrió y Julia me comentó que la idea de ver sus libros publicados, la tertulia y la entrevista, le habían dado fuerzas, días de vida para resistir y poder cumplir esos deseos. El 4 de marzo, fui a su apartamento. Estaba risueña, lúcida, precisa en sus ideas. Días después, el 14, apenas 10 días después de la entrevista y 6 de su cumpleaños (8 de marzo), fallecía en su casa, al lado de Julia.

Lilliam Moro ya se nos fue, pero su vida continúa en su obra.

LA ENTREVISTA

Luis de la Paz: Hoy es 4 de marzo del 2020, estoy en casa de Lilliam Moro, que debió haber estado con nosotros en Viernes de Tertulia, de manera tal que esta presentación de hoy, este encuentro con Lilliam en su casa podría marcar lo que faltó aquel día que no pudo asistir; es el complemento de ese momento. Gracias Lilliam por acompañarme y permitirme venir a grabarte aquí a tu casa y conversar contigo.

Lilliam Moro: Gracias a ti, Luis, por darme la oportunidad de presentar dos obras que casi están en el aire, pero que ya tienen tinta dentro.

LdlP: Estos libros de los que vamos a hablar, una novela, *Las reencarnaciones de Mamá Iné*s y el de poesía, *Ese olor a después*, cuándo los escribiste.

LM: Mira, yo llevo con la novela desde… finales del tiempo que estuve viviendo en Ávila, en España. Yo empecé a escribir la novela estando en Ávila. Quise hacer algo histórico. Ya yo tenía una novela, *En la boca del lobo*,[5] que fue premio de novela. Era la travesía de unos tripulantes, balseros, como los conocemos nosotros, que huían de Cuba. Ahora, qué historia oscura, qué boca del lobo hay detrás de la gente desesperada… Es lo que yo quise plasmar en *Las reencarnaciones de Mamá Inés*, pero a través de una ficticia, pero real historia de Cuba. ¿Qué lanza a una persona hacia la muerte?

LdlP: ¿Cómo surge la idea de la novela, en qué momento dices, "me gustaría escribir esta novela" y surge el personaje de Mamá Inés como el ente conductor?

---

[5] Premio de Novela Corta Villanueva del Pardillo, España, 2004.

LM: Lo que me inspira es encontrar la génesis de la desesperación humana. Uno siempre elige vivir, entonces, ¿por qué elige, cuando es balsero, una muerte segura? Me interesaba indagar por qué la persona teniendo la posibilidad de vivir escoge la muerte. De ahí me salió una historia de Cuba. La historia que todos conocemos, en que hasta los indios se suicidaban, o sea, que no es un hecho insólito, ¿por qué el hombre tiende a la muerte en momentos de desesperación?

LdlP: ¿Qué tiempo te llevó escribir la novela?

LM: Mucho tiempo, porque repaso mucho la escritura. Yo primero tengo una idea, supongo que con todos los escritores sea igual, después la van delineando, van conformando los personajes, le van dando identidad propia. Un personaje para que no sea un muñeco de paja tiene que tener no solamente fecha de nacimiento, tiene que tener época, tiene que tener historia, y ahí se va conformando un personaje que no sea irreal. Muchas de las novelas que uno lee parecen que está formada por trazos que no tienen realidad. Hay que darles vida a los personajes, para que una novela tenga vida hay que crear personajes con vida.

LdlP: Hablas de la importancia de la desesperación, y es algo que se repite también en tu poesía. ¿Es para ti un tema recurrente en tu literatura?

LM: Es recurrente porque yo creo que Cuba es un país desesperado. En Cuba se nos cortó lo que tienen todos los países que no son colonizados, es decir, un hilo de historia. Aquí a través de las colonizaciones se nos fue cortando, primero una época, luego otra y otra. Yo creo que lo que salió es un pueblo, una sociedad sin un rehilar directo y bastante desesperada, que no sabe cómo salió, de dónde salió y a dónde va a parar. De ahí que mucha gente diga: Cuba no existe. En Cuba han sido muy perfectos en la perversión. La perversión ha dado lugar a esto, a un pueblo desesperado, y eso es lo que yo he querido indagar en la novela.

LdlP: La novela se remonta a África, a los barcos negreros que llegaban a cazar literalmente a seres humanos para llevarlos a las colonias, que generalmente eran portugueses los que lo hacían. Por qué estructuras la novela en África, España y Cuba. ¿Buscas en esos cuatro o cinco capítulos de la novela, tratar de encarnar a Mamá Inés en diferentes regiones del planeta?

LM: Bueno, porque aquí yo juego mucho con el saber popular, con el folclore. Mamá Inés forma parte de la música cubana y del folclore nuestro: detrás de eso qué había. Si Cuba no existe ahora, Cuba no existía tampoco, existía, si venimos a ver, antes de Mamá Inés. Porque ¿qué se sabe de los indios? En realidad, la historia de Cuba se conoce a partir de unos personajes en los que se combinan la africanía (tan querida por Fernando Ortiz), y España. Antes de España, Cuba es un terreno perdido. No sé si me estoy explicando bien… Entonces yo intento… aquí está la africanía, eso que Fernando Ortiz y Lydia Cabrera indagaron… porque cuando surge la independencia, ellos se enfrentan a un problema: cómo tratar al negro en Cuba. Si la constitución decía que tenían los mismos derechos que los blancos, ¿cómo sustanciar esto desde un punto de vista legal? No olvidemos que Fernando Ortiz fue un criminalista y estudió todas las corrientes de principios del siglo XX desde el punto de vista criminalista, cuando se pensaba que… incluso la fisonomía de un negro podía dar matices criminalistas. Había que descubrir al negro —para decirlo en una sola palabra— para poder convivir con él. Y eso fue lo que hizo Fernando Ortiz y lo hizo estupendamente bien, porque, además, incursionó en la música popular y ahí se entronca con el folclore.

LdlP: Esos elementos que aporta Fernando Ortiz en sus investigaciones tú los aprovechas para los capítulos relacionados con los esclavos y con Cuba.

LM: Efectivamente, los aprovecho. Hay que descubrir si son los negros brujos, como el título de Fernando Ortiz, o si son gente asimilable para vivir en correspondencia con una sociedad blanca o mestiza

LdlP: En la novela hay unos momentos… una parte con la llegada a Cuba del barco con los españoles que arribaban para "hacer las américas" como le llamaban en aquella época, donde hay un muchacho, un polizón… el lenguaje que empleas en la narración es muy de la época. ¿Trataste de que cada capítulo tuviera un lenguaje diferente, un lenguaje propio?

LM: Efectivamente. El lenguaje del XIX no el mismo del XX. Todos sabemos que el siglo XX, y ahora sobre todo con los habaneros, es un lenguaje muy chabacano. La gente que realmente puede hablar un lenguaje bien, entendible, son la gente de las provincias orientales, Oriente, Camagüey y Las Villas. El resto ya se va deteriorando. Fernando Ortiz, Lydia Cabrera, y toda esa gente de la época, tienen todavía reminiscencias del lenguaje colonial. Todos sabemos que el padre de Lydia Cabrera era un patricio, Raimundo Cabrera, gente de cierto nivel, incluso económico. Y Lydia intentó descubrir Cuba erróneamente desde París, porque a ella le gustaba la pintura y se fue a París, como una persona que podía costearse esa carrea. Y, ¿cómo terminó Lydia? regresando a Cuba para descubrir Cuba a través de lo que llamamos negro de nación, es decir la cocinera, que le hacía cuentos. De ahí los *Cuentos de Jicotea*, que luego fueron muy interesantes. Ella escribió esos cuentos para animar y acompañar a Teresa de la Parra, que era una novelista venezolana, que estaba enferma terminal y por ahí; mira por donde, surgen los *Cuentos negros de Cuba* que se los publica precisamente un español que se asienta en Cuba y que publicó en "La Verónica", una imprenta muy importante, que Peggy Guggenheim, la potentada, le funda para que él le publique obras exquisitas. Esa es la intrahistoria de la cuestión. Quien haya leído un poquito, y pueda escarbar, puede dar cuenta que todo era un entramado, porque Peggy al final tenía que ver con la Guggenheim y con todos los pintores cubanos que vinieron después. Pero ésta… *Las reencarnaciones de Mamá Inés*, es solo un poco, un hilo conductor para las personas que quieran indagar realmente en el quiénes somos, de dónde salimos los desesperados, los que hoy cogen una lancha, los que murieron en el Remolcador 13 de Marzo.[6] Mi interés es ése, ver la naturaleza de un país que ya no existe.

LdlP: Uno de los elementos que se aprecia en la novela, muy marcadamente, es el deterioro de los valores humanos, del lenguaje, como ya comentaste hace unos instantes, cuando lo comparabas con el lenguaje en el oriente de Cuba. Pero hay un deterioro incluso en la proyección de los personajes; como que se van empobreciendo y cuando se llega a la parte más adentrada de la revolución es ya un deterioro total. ¿Es a eso a lo que te refieres cuando dices el deterioro y la perdida?

LM: Sí. Yo sé. Haces unos minutos te decía que el sistema totalitario de Cuba, el castrismo, ha hecho unas obras maestras de prevención. Empezó quitando a los patriotas y sustituyéndolos por unos

---

6 En la madrugada del 13 de julio de 1994, barcos equipados con mangueras de agua a presión hundieron a 7 millas de La Habana, el Remolcador 13 de marzo, en el que viajaban 72 personas intentando escapar de la dictadura castrista. El saldo fue la pérdida de 41 vidas, entre ellas las de 10 niños. Ese hecho impactó tanto a Lilliam, que su novela En la boca del lobo trata sobre aquel trágico episodio.

elementos teutónicos que no tienen nada que ver con nosotros. Y de ahí pasó a borrar paulatinamente la historia. ¿Quiénes somos? Somos gente sin historia, y eso es una perversión. O sea, eliminar la historia de una sociedad implica mucho y es un acto completo. No existes. Y si no existes te puedes tirar en una lancha, si no existes te puedes tirar en una balsa, si no existes de qué vas a hablar, de qué te vas a vanagloriar, si como sociedad no existes.

LdlP: La historia de Cuba, la de la República estuvo marcada por altas y bajas, la Enmienda Platt, Machado…

LM: La guerrita de color, prueba de que no se sabía la importancia de ese color negro…

LdlP: Sí, claro, esa fue la guerra de los hombres de color… Después poco a poco se fue organizando, pero después vino Machado, que quiso la prórroga de poderes para mantenerse en el poder; luego la dictadura de Batista… hubo momentos significativos, como la Constitución del 40, hasta que llegó el castrismo que ha convertido a Cuba en la negación de una nación. ¿Cómo aprecias tú eso?

LM: Una revolución nunca puede ser su contrario y el castrismo fue el contrario de lo que se pretendía realizar. Si tú quieres hacer una sociedad nueva, con otros valores, "revolucionaria", no te puedes poner en las antípodas de lo que significa una revolución. Se inventó una revolución y ese es el gran drama de la sociedad cubana, que se inventa una revolución que no existe. Lo que existe es un atropello, lo que existe es una falta precisamente de constitución y de derechos, no una prolongación del derecho.

LdlP: Tú eres una escritora que tienes una trayectoria, una obra, has vivido en varios sitios. Hay un legado a la cultura, un aporte a la cultura cubana que ahora se complementa con estos dos libros que van a salir en el 2020. ¿Cómo valoras el hecho de que no existes para la sociedad cubana, que el régimen de oprobio te ningunea, y no reconoce a sus autores que viven en el exilio?

LM: Yo existo en la medida que el sátrapa me permite existir. Esa es una realidad, o sea, si permiten que yo publique dentro de Cuba es porque él lo permite, pero yo no lo escojo. Lo peor que puede pasar ahora es que cuando dan un Premio Nacional de Literatura, todo el mundo dice gracias, se le dice gracias al opresor. ¿Cómo le vas a dar gracias a quien te niega, a quien no te da la vida? Eso me parece bochornoso, francamente. Creo que cualquier persona con un mínimo de dignidad, debería esperar ansiosamente el Premio Nacional de Literatura y cuando se lo den, decirle: métetelo por donde te quepa. Es tu libertad. Es tu momento inaugural de libertad.

LdlP: Me parece muy bien. Eso sería grandioso, además como debería ser. ¿Te resiente el hecho de que tu obra no se publique en Cuba, no circule, aun cuando sepas que el tiempo te dará tu lugar?

LM: Me alegro de que no se publique en Cuba. Me alegro porque eso me da libertad. Me niego a ser cómplice de un sistema que detesto. Ese es mi margen de libertad. Yo vivo al margen de Cuba, pero tengo el derecho de vivir al margen de Cuba. Ese es mi derecho.

LdlP: Volviendo a la novela, me gustaría que hicieras un resumen de *Las reencarnaciones de Mamá Inés*.

LM: La novela empieza, como te contaba antes, en el momento inaugural. Yo no puedo contar con los taínos, porque no hay historia palpable, excepto lo que se puede encontrar de objetos… no hay una ilación. La historia de Cuba empieza cuando aparecen el negro y el español. No hay otra. Aunque tengamos los ancestros blancos, la cultura nuestra es mestiza. Eso es así, eso es lo que hay que indagar. Ahora, ¿qué elemento de desesperación puede existir en una sociedad para que se lancen a la muerte, a lo que te decía, saber que no eres nadie? Cuando no eres nadie te da lo mismo ocho que ochenta. Pero tienes la libertad de elegir ser nadie. Yo creo que si las personas escucharan un poco más la música folclórica derivada de la santería, y todo lo que estudiaron de la música muchísimos escritores, como fueron Argeliers León o Alejo Carpentier, sabrían muy bien que la música africana está transida de dolor. No es fácil ser esclavo y no podemos permitir seguir siendo esclavos. Nacimos libres.

LdlP: En la novela hay una parte muy bien documentada, sobre la temática y el manejo del africano y las costumbres y tradiciones africanas. ¿Te identificas con ese tiempo de cultura afrocubana?

LM: La cultura afrocubana es un híbrido. Sabemos que de las mejores zonas del país yoruba llegaron los yorubas que comparten también esa extracción en Brasil. Entonces se sabe que desde el siglo XVIII, XIX, eran las culturas más sólidas que había en Brasil, las menos sólidas son las que se fueron para Haití. Eso lo tenemos muy documentado en *El siglo de las luces*, y toda esa parte de la Revolución de Haití, quizás porque había menos simbiosis entre los franceses y los africanos

LdlP: Hay una documentación bien marcada en cuanto a los barcos que viajaban con los españoles a las islas, al Caribe, o América, y esa parte está muy bien documentada, con los barcos, cómo era la travesía, etc. ¿Cómo lograste esa documentación?

LM: Leyendo, por supuesto. Se sabe que España no permitía comerciar con seres humanos y utilizaban los barcos negreros holandeses y portugueses. Pero ellos mismos no podían.

LdlP: Cuando llegan los personajes a La Habana y luego se van a Oriente, donde tienen aquel cafetal…

LM: "Prosperidad".

LdlP: "Prosperidad"… exacto… así se llamaba el cafetal "Prosperidad", donde ellos prosperaron mucho, se recoge muy bien el ambiente de la relación de los esclavos con los amos y cómo era el trabajo y la relación hasta con el capataz, el mayoral... y el otro que perseguía a los que escapaban… el rancheador. Ese capítulo, que es quizás el más amplio del libro, está muy bien documentado y es muy rico, con un lenguaje del siglo XIX muy bien logrado, hasta que llega la República y está aquella hija de la esclava, donde cambia todo el lenguaje de la Mamá Inés, los dicharachos. ¿Te propusiste intencionalmente lograr esas variantes en el lenguaje?

LM: Sí. Quise hacer, digamos, darle realce a lo que realmente es la idiosincrasia nuestra. Mira. Hay mucha gente que habla de la idiosincrasia del Caribe. Yo no creo en eso. Yo creo en países, en sociedades concretas. Otro país del Caribe no puede dar *Cecilia Valdés*, por ejemplo; es una gran novela realista donde se permea toda una serie de características del Caribe. Yo he vivido en Puerto Rico, he estado en Santo Domingo y no veo que haya, digamos una igualdad, ni mucho menos, no hay una idiosincrasia en el caribe, para mí y para el asombro de los que me están oyendo, que sí creen eso, como Antonio Benítez Rojo, que en paz descanse. No. Asocio más la cubanía con una diáspora que continúa. La diáspora con sus características, que tiene mucho más que ver, digamos, con la diáspora judía, porque muchas veces se negó la entrada al Caribe de los judíos; la corona española no lo permitía, digamos, para no contaminar. Hay mucha tela que cortar, mucho que averiguar.

LdlP: Está la historia del San Luis.

LM: Sí… Eso empata con el otro libro, con el poemario del que seguramente hablaremos más adelante.

LdlP: Seguro. Me gustaría que leyeras algo de la novela.

LM: Vamos a buscar algo, digamos de la tónica [se pone a buscar un fragmento en el manuscrito]. Te quería contar, que en la parte en que hablo de… en la novela, yo quise resaltar también no sólo el idioma, la historia, sino poner de manifiesto también la naturaleza: eso que Alejo Carpentier llama "lo real maravilloso", cuando se refiere a Haití, por ejemplo, y que mucha gente confunde con "el realismo mágico" de García Márquez. El realismo mágico de García Márquez es una elaboración posterior, sustentada mucho y con mucha mala fe, por el "Boom latinoamericano" que inventó Cuba. [localiza el fragmento y anticipa los detalles de lo que leerá] Éste. Se refiere al gallego que regresa a concertar un matrimonio en Galicia, ya hecho un potentado, y le dice a la hija: "Maldices una vez más este país al que te ha traído el destino, pero ahora comprendes que lo que aquí estás conociendo sobre ti misma, nunca lo hubieras logrado en tu añorada Galicia, porque el ser humano necesita alejarse de sus referencias inmediatas, para que nada entretenga su atención anterior". Yo creo que la falta de amor por el país es fundamental para no conocerse, uno se conoce a través de las raíces, uno se conoce a través del país en el que vive. Si no conoces el país, no se conoce. [Localiza otro fragmento y anticipa los detalles de lo que leerá]. Bueno, la parte… te habrás dado cuenta que la parte que habla de Mamá Inés es sólo un párrafo, no está segmentado como en una novela convencional, Mamá Inés… todo lo que habla Mamá Inés es un párrafo dirigido a una supuesta interlocutora que puede ser una periodista, folclorista, etnóloga.

LdlP: También la novela va intercalando unos pequeños fragmentos donde habla el sufrimiento, el dolor, la angustia, la libertad y me parece que en esos momentos la novela tiene un gran realce poético.

LM: Es posible, sí… A mí me gustaba… Ten en cuenta que esta novela termina con un gran drama, y es lo del Remolcador 13 de Marzo. Eso no se puede obviar en ninguna historia del mundo; es una infamia y eso hay que decirlo en todo momento. Yo trato de buscar un contrapeso, y el contrapeso es Eliseo Diego. Estamos hablando del "Cafetal Prosperidad", con todas las convenciones de la época, ser potentado, tener una gran plantación y todo eso desemboca en el gran drama del remolcador. Yo trato de buscar un contrapeso y en este caso, es las delicias del aroma del café; eso es poético. Yo trato siempre de escribir poesía en el contexto que sea.

LdlP: Eso está ahí, pesa, se nota, se aprecia, sobre todo en esas reflexiones.

LM: Mira qué cosa más hermosa ésta, que todos hemos vivido en algún momento: "Un sorbo de café a la madrugada, de café solo, casi amargo, he aquí el reposo mayor, mi buen amigo". Mira que versos más sencillos: es como si te abrazara la madrugada con el café.

LdlP: La novela está ya por salir. ¿Estás emocionada con ello?

LM: Bastante. Bastante, porque la tuve tranquilita mucho tiempo, esperando ganar un concurso y todas esas cosas, y no quería que la novela envejeciera. Estaba ahí el producto. Mientras más cosas ocurren en Cuba más puede envejecer la novela, y están ocurriendo cosas. Mira, esto es lo que yo planteo en la escritura. Por ejemplo, te habrás dado cuenta de que yo meto trozos, escenas de teatro. Eso no es convencional. Porque la realidad no es convencional, Luis. La realidad te abofetea. Cuando crees que tienes las cosas ya cuadriculadas, viene el zarpazo de lo que no se espera.

LdlP: Vamos a hablar ahora, si te parece bien, del libro de poesía.

LM: Sí

LdlP: El libro de poesía es posterior a la novela.

LM: Si, es posterior. Exactamente

LdlP: En qué momento está ese libro [*Ese olor a después*] entre los últimos libros que has publicado, entre *El silencio y la furia* y el que ganó el premio en España [*Contracorriente*].

LM: *El silencio y la furia* es un poemario, si tú quieres, muy duro. Existe un Ángel al que tú interpelas, pero no te puede dar una respuesta, no te puede responder. *Contracorriente* es una lucha en contra de lo que se espera de la vida. O sea, se esperaba que yo muriera hace siete años, y no me morí,[7] y eso está plasmado ahí, pero están plasmadas también cuestiones, digamos, lo que es un escritor y la dignidad de un escritor, como en el poema "En memoria de ellos". Eso es lo que vendría después de toda esperanza, es lo que está detrás de las ventanas, es lo que está detrás de uno. Yo creo que es la historia de un gran amor, yo he querido dejar constancia de un gran amor que va contracorriente de la vida.

LdlP: ¿Este libro es posterior a esos otros dos? Es lo que has escrito en los últimos tiempos.

LM: Exactamente, lo que he escrito en los últimos… digamos, siete años.

---

[7] El 26 de agosto del 2012, Lilliam Moro estuvo al borde de la muerte tras sufrir múltiples infartos cardiacos. Permaneció una larga temporada en el hospital en estado de coma.

LdlP: El libro tiene un título muy sobrecogedor…

LM: Es que es poético

LdlP: Sí. Es que es muy poético y sobrecogedor. Sin embargo, el poema que le da título al libro en realidad es un poema de amor.

LM: Verás que en el interior ese título aparece como para no darle importancia, Ese olor a después, no en forma de título, ni nada, aparecen dos versos, digamos como ocasionalmente, al azar, surgió; pero todos tenemos un olor a después, Luis. En cualquier circunstancia siempre hay algo que se nos queda impregnado y no desaparece.

LdlP: ¿En la totalidad de tu obra como situarías este libro?

LM: Lo situaría dentro de lo más indefinido, de lo menos concreto que se puede dar. Digamos de lo más… no apacible, pero… inevitable. Siempre habrá un olor a después que nos va a impregnar el resto que nos quede por vivir…, y casualmente creo que sería mi caso también.

LdlP: Quiero dejar eso para después… ¿Quieres leer algún poema del libro?

LM: Justamente el poema que da título, *Ese olor a después*:

Tu olor se balancea sobre las hojas de los árboles
que nos observan mudos detrás de las ventanas
y yo me vuelvo un árbol silencioso
que va secándose a tu lado
pues no logro aspirar el aire de esa angustia
que no me sabes describir pero que yace
detrás de tu silencio
cuando ya te has vaciado de amor entre mis brazos

y te quedas tranquila, fumando un cigarrillo
que siempre sabe dulce tras un orgasmo intenso,
feliz, como quien dice, si no fuera
por ese el olor del miedo que tienes a ti misma,
al día de mañana,
al después.

LdlP: El miedo, el verso del miedo… Es un…

LM: Es miedo o amor, Luis. No hay nada más que miedo, la disyuntiva, miedo o amor. "Ah, que tú escapes", como diría el maestro Lezama. O mirarte como el gato, la imagen del gato que se estira en el horizonte, pero siempre hay miedo o amor, no podemos perpetuar, ni nos podemos perpetuar nosotros, hay que fluir, hay que dejar ir, pero no tener miedo.

LdlP: Te voy a hacer dos preguntas sobre la literatura cubana. ¿Cómo valoras la literatura cubana contemporánea, en sentido general?

LM: Creo que la literatura cubana es de lo más importante de Hispanoamérica. Cuando revisas la poesía concretamente, cuántos Julián del Casal, cuántos Martí se han dado, precursores del modernismo. Fueron grandes figuras que dieron lugar a un Rubén Darío que vino después, y luego, por supuesto, el Postmodernismo, que fue muy importante con Julio Herrera y Reissig y Alfonsina Storni. Muy importante la poesía cubana. Yo sé una anécdota, y no creas que es broma. Un hombre le pregunta a otro, usted es un campesino, se dedica a las labores del campo, que cultiva. Yo soy un campesino, me dedico al campo, claro, pero lo que realmente soy, es poeta. Yo creo que los cubanos tenemos no sólo delirios de médicos, sino de poetas también.

LdlP: ¿Qué poetas de la época… obviamente Eliseo, es de los poetas que más tú admiras?

LM: Yo admiro a Eliseo Diego. Sí, pero es la parte dulce nuestra, es esa madrugada envuelta en el café que nos tonifica para amanecer al otro día. Sin embargo, no puedo hablar en esos términos de Lezama Lima porque es un continente, Lezama Lima es una estructura verbal, pero es también una estructura de nuestra idiosincrasia. Lezama es el atrevido de la palabra.

LdlP: Hoy en día hay más lezamianos que nunca, pero Lezama no es un poeta fácil.

LM: Yo me atrevo a decir que hay muchos quienes dicen que le gusta Lezama, pero no han leído a Lezama completamente. Me atrevo a ser un poco ofensiva, salvo algunos poemas…, *Ah, que tú escapes*, *Jardines invisibles*, el de Saulo. Porque hasta la novela *Paradiso*, es un gran poema, y para eso hay que estar preparado, para enfrentarse a esa novela.

LdlP: Hay que saber leer a Lezama, creo yo.

LM: Todo lector es un cómplice. Yo creo que todo lector, lo he dicho varias veces, completa lo que el escritor ha escrito hasta ese momento. Se le exige mucho al lector y no todo el mundo está dispuesto a que se le exija.

LdlP: Me gustaría que leyeras otro poema, si es posible

LM: Sí, claro… Otro poema sobre el miedo, pero este yo lo enlazo con el folclore, hubo una canción, un bolero de los años 50 que se llamó *Humo y espuma*, no sé si lo recuerdas.

Humo y espuma
Fuiste para mí
Humo en espiral,
Tu amor en mi playa fue espuma
Y nada más.

¿Quién eras tú, por fin,
que llegaste a mi casa para quedarte en ella
y dejar solo el humo que sueltan los rescoldos?
Entonces yo sabía tu nombre,
el mismo que ahora tienes
pero no sé quién eres ni quien fuiste.
Creí que eras el mar
pero fuiste la espuma que se desvaneció
como el tiempo que va comiéndose la vida
con dentelladas de esperanzas.
Durante muchos años he abrazado una sombra
parecida al amor,
una sombra que me hablaba al oído,
cuando juntábamos sudores

en un éxtasis paradigma del éxtasis.
Siempre inventando un futuro distinto
con el temblor del miedo a no se sabe qué
agazapados en los rincones de un presente
que parecía perfecto.
Llegué a creer que aquello que vivía
era una merecida recompensa,

que me debía el destino.
Y desapareciste como si todos esos años
hubiera estado abrazando un holograma. [9]

***Ldl*P**: Bello poema…. Estamos… En estos momentos estás enferma. Todo el mundo te ha demostrado su aprecio. Tú sabes, y no es un secreto, que estás en una situación difícil. ¿Qué sientes?

LM: Mira, cuando se me diagnosticó rápidamente esta enfermedad, vino primero una sorpresa, después el desconcierto, ¿Por qué tan rápido?, ¿porque no me avisaron a tiempo? No. Es como cuando te enfrentas a un amante que te deja, te ha engañado, no te avisó a tiempo. Eso me pasó a mí. Cuando uno menos calcula y tal, fue muy rápido. Después de ese desconcierto vino la pregunta que uno siempre se hace, cuando le ocurre algo como esto, ¿por qué a mí? Yo creo que quizás porque no lo esperaba. La vida está hecha de sorpresas siniestras, yo no tengo prisa por irme o por quedarme. Yo lo que tengo es mucho desconcierto, porque siempre que se rueda la cortina puede ocurrir de todo, y lo menos pensado también.

---

8 (*Humo y espuma,* bolero.
  Letra: Rolando S. Rabí, La Habana, 1956)

DE ALFREDO PÉREZ ALENCART

Desde Miami, Héctor Manuel Gutiérrez está coordinando un libro en homenaje a la notable poeta Lilliam Moro, también una buenísima persona a quien siempre supe manifestar, públicamente, mi admiración por ambas facetas y por su extrema generosidad para con los demás escrivivientes.

Aquí les dejo conocer el poemita que he escrito para dicha obra, añadiendo un abrazo sin distancias para Julia Peña:

LILLIAM MORO (HOMENAJE, RECUERDO Y GRATITUD)

LILLIAM MORO

Por ella, frágil ruiseñor,
nada de lágrimas o epicedios:
su sombra no se ha perdido,
ni sus frutos o palabras desterradas
que nunca se fatigan de vencer.
Así de discreta es la ley
que entroniza el verso
toda noche alfombrada de islas
y estrellas.

En un ramaje, con voluntad
de sosiego, sigue
oyéndose su cántico.
Así rescata su sombra

y ya ninguna hora nos resulta
irremediable.

Alfredo Pérez Alencart
Salamanca, 2021.

DE REINALDO GARCÍA RAMOS

En Diario de Cuba han publicado mi poema "Conversación", que escribí hace poco en homenaje a la poeta cubana Lilliam Moro, que falleció este año.

CONVERSACIÓN

...recordando a Lilliam Moro

Así llegamos al mejor momento
de aquella conversación interrumpida.

Tú muy bien, invisible,
en algún sitio más allá del espejo,
yo aún aquí, palpable al parecer,
lleno de confusiones y soberbia,
en el desgaste que no cesa,
que no puede cesar,
aguardando sin querer decirlo
el firme instante,
la coincidencia de factores
que hará caer la espada del demonio
(o la del ángel impasible y burlón)
sobre esta voz insuficiente
con que intento hablarte una vez más.

Así tendremos que seguir conversando,
jugándole bromas al arruinado sol
que a pesar de todo nos ayuda
y nos da fuego y bendición

para permanecer solo un momento
en el terreno conocido,
el mismo sol que nos da claridad
para saber en dónde estamos por ahora,
dónde estaremos luego,
o hacia dónde creemos
que hemos podido andar
durante tantos años.

Ahora los demás podrán estremecerse,
eso dicen, esperando que mandes
nuevos versos, sentencias absolutas,
alusiones perfectas al eterno temor.
Yo sé que no vendrá de donde estás
ningún escrito nuevo,
que no habrá otra señal
y que estarás callada y sonriente
en ese confín del tiempo y el espacio
en que todo sucede sin lugar a duda
porque nada puede en verdad ocurrir.

Así nos vamos a encontrar de nuevo,
a la hora precisa, con simpatía y fervor,
sin vernos, pero viendo
con plena nitidez la razón del final,
la continuación del sereno vacío,
la abundancia y la obvia carencia
de otros argumentos
para cualquier afirmación o negación.

En paz quedamos, buena amiga,
en esa misma gran quietud
que nos entregan las partículas ciegas
del oscuro universo
cuando se pierden solas en el cosmos.

Así podremos continuar
(o al menos eso espero)
nuestra conversación como era antes,
sin final.

https://diariodecuba.com/de-leer/1604413777_26176.htm

DE ODALYS INTERIAN GUERRA

LA VERDADERA PATRIA DE LILLIAM MORO

Hay en la verdadera poesía -diría Lorca- *un perfume, un acento, un rasgo luminoso que todas las criaturas pueden percibir.* Y es lo que encontramos en la poesía de Lilliam Moro. Esa deleitable iluminación que emana de sus textos. La pulcritud de estilo, la intensidad, los tonos melancólicos, la agudeza de pensamiento, un silencio hecho de conjeturas, todo un discurso armónico donde nos encontrarnos con el tiempo intacto de la memoria.

Para Lilliam, la poesía era su casa, el sitio donde sentarse a mirar los recuerdos como viejas fotografías, un sitio de revelación, de resistencia, el hogar, el país, la patria verdadera. Patria personal, donde nace y renace, un horizonte abierto desde donde puede contemplar el mundo y contemplarse, el camino de la búsqueda de una verdad esencial que revele el sentido del origen. Escribe para fijar preguntas, los vértigos que nacen de la perplejidad, y la desazón existencial. Escribe angustiada por la incertidumbre de futuro, acosada por el doliente sentido de la existencia y la visión de desolación, ruina y precariedad que acompañan el presente. Moro buscaba comprender lo incomprendido desde la belleza y el espanto, una palabra en la incontestable pregunta del silencio que pudiera traspasar todos los límites. Poesía de historias descarnadas y anhelo redentores. Donde encontramos una sobreabundancia de diálogo con la realidad, y con una tradición asimilada a la que le agradece cierta cultura para la poesía: Eliot, Quevedo, Rilke, Lezama, Baudelaire, Vallejo, San Juan de la Cruz, Virginia Woolf, entre otros. Los poemas homenajes, los de tono elegíaco y de alabanza, junto a los poemas sociales, constituyen los centros generadores de su lírica. Un ejemplo de emocionalidad profunda lo encontramos en los versos finales del poema dedicado a Charles Baudelaire publicado en la Gaceta de cuba, La Habana en 1965: *solo con el amor como un cadáver que velaremos /pacientemente, en silencio, delante de la cara apenada de los amigos /y el pésame y la vela blanca y la rata corriendo por encima de las flores quemadas.* Lilliam sabía que no había nada más importante para homenajear a un poeta que un poema, lo hizo muchas veces. Quizás por aquello de que *Honrar honra*, o porque la poesía sirve para crear presencia, y para traer lo ausente. Yo tampoco encuentro nada mejor para honrarla que ese diálogo con su poesía, que ese acercamiento a esa fibra viva de su poesía que recoge el dolor nuestro de cada día.

Si me pidiera una palabra para definir a Lilliam, sería serenidad, esa imperturbabilidad que hacía que uno se sintiera cómodo en su presencia. Y es justamente ahí donde aflora uno de los rasgos más significativo de su poesía: la disposición para reflexionar. Pero que nadie se engañe, tras la calma aparente, la apacibilidad, y la mansedumbre de Lilliam, se escondía una fuerza avasalladora, incontenible que se desborda en sus versos: *no rompas el espejo que te pongo delante /por qué en cada trocito habrá multiplicado lo que no quieres ver /uso la insinuación como metáfora para decirte lo que te molesta/ pero no: que nada es tan sencillo… cuando la piel del alma en carne viva /implora una esperanza…* Esta poeta inmensa que habla con lucidez, que escribe desde la sinceridad, que le duele todo el dolor del mundo, que escribe versos certeros, y lleva las reflexiones siempre a un plano trascendente, que recoge todo *para que no se pierdan, palabras, ruidos, voces, los ojos de los extraños días…* Habla como quien ha vivido todo, como quien ha sufrido en carne propia el desprecio, y la intolerancia, y a lo que teme, a lo que verdaderamente teme, es a la insuficiencia existencial, a no ser, o a lo que es peor: que la obliguen a ser lo que no es. *Rómpete el pecho contra el mundo* -nos dice-, como quien se ha librado de un miedo antiquísimo, como quien sabe ordeñar silencios, verdades que extrae de ese ritmo vital y conciso de sus meditaciones, como quien no abandona la memoria, pero se siente salvada, intocable, como quien carga con el asombro diario y vuelve a ver su vida y la representa, y vuelve a los recuerdos, pero con una nostalgia salvada. *Yo una vez tuve un país* -nos dice- y creí que tenía un universo... *Hoy Puedo vivir en cualquier sitio.* Ha conocido el daño que hacen las ideologías que naturalizan la desigualdad y que permiten o establecen formas de injusticias, su poesía entonces se vuelve un método de denuncia, testimonio, protesta. Porque hay que estar de pie sobre los miedos, alzarse contra el discurso bárbaro. Hacer silencio cuando las palabras van hacia una verdad, cuando suena a pasión descomunal esa verdad tremenda: *no tiembles. /Que no vean que te mueres de miedo, /que no sepan que no tenías para casos así /ningún poema preparado. Porque --una isla es una porción de tierra /rodeada de paranoia por todas partes /—nos apedrearon — no es metáfora...* La Isla, el país que quiere olvidar para salvarse de la añoranza y una amarga tristeza, repitiéndose como si necesitara convencerse: *Yo nunca estuve allí;*

pero llegan las cartas de otro mundo,
llega el olor del musgo húmedo y verde
de una tarde de lluvia;
llega el tufo a pasado,
el vuelco en el estómago
al ver la ingenua letra de mamá
escribiendo mi nombre como su verso más perfecto.

Reviso la gramática de urgencia
en qué tiempo te ubico
patria hinchada de sol,
torpe incesto maldito que hace ruido en el pecho.

Para Lilliam, la nostalgia era una muerte crónica, una forma de morir. *No es que se viva en el pasado, -decía-, es que se vive fuera del tiempo, en el continuo paréntesis de la insatisfacción, en la huida de sí mismo.* Su poesía intenta recobrar lo próximo, aunque vayan sus versos *con un rumor de polvo herido… mientras los días pasan comiéndonos el alma… y esta ciudad contiene tantos gritos, tanto clamor ahogado, tanta ceniza amarga, días consumidos… dónde está el último cauce, /la distinta palabra /o el ruido de los mares bajo la tierra…* La poeta nos entrega una obra rica en consideraciones, y en interrogantes, cargada de introspección, pero donde no faltará un reclamo por la injusticia, y el sentimiento de solidaridad. *No son los males violentos los que nos marcan, -diría Emile Ciorán- sino los males sordos, los insistentes, los tolerables, aquellos que forman parte de nuestra rutina y nos minan meticulosamente como el tiempo.* Para Lilliam esos males diarios son los peores, las noticias que llegan de la isla, el éxodo interminable, la visión por todos lados trágica que se repite. La poesía se vuelve un acto de salvación, no importa que las palabras no alcancen para decir el dolor, que no sean suficientes para decirlo todo, que ni siquiera logren describir la crueldad y la impunidad que hay en el mundo. Lilliam deja un testimonio de resistencia, pertenece al grupo de poetas insobornables, que entienden que no tienen nada y esa miseria radical que comparten se convierte en un acto político valiente, denodado: *Porque un día no seré el protegido /los hombres armados que arremeten /contra los otros hombres /de los que miran mi rostro de frente y de perfil /los que agarran entintan mi indefenso pulgar /los que golpea sin piedad las dos mejillas /y me empujan impávido ante un muro /dónde espero el disparo de gracia.* A pesar de la denuncia y el malestar que inunda su poesía, en la obra de Lilliam no tiene cabida el nacionalismo estrecho. El significado de patria está alejado del ideal clásico del dulce *et decorum est pro patria mori,* y también de la sublimidad del cristianismo, para quienes la patria principal, o acaso única, continúa siendo el Paraíso. Tampoco podía definir la patria moralmente identificándola con el lugar donde reinara el bien, porque entendía que el mal estaba por todas partes. Leyéndola, la encuentro cercana al pensamiento de Benjamín Franklin: *Donde more la libertad allí está la patria.* Para Lilliam, la poesía era la patria de redención y libertad, *el castillo personal desde donde controla los contratiempos y los graves augurios.* Si la felicidad necesita un eco para perpetuarse, también la poesía. Porque los poetas poetas (como le gustaba decir a Lilliam) se prolongan, son continuidad, fundan lo permanente, cargan con su destino, lo llevan con su peso y su grandeza siempre hasta la última aurora. Los poetas poetas escuchan lo que murmura la sangre, y lo escriben, aunque suene a insensatez y locura, cargan como diría Hermann Hesse: *la vida de todos los hombres que no quieren mentirse más a sí mismos.*

La realidad es demasiado escueta para que podamos soportarla, nos daña con toda su carga de aflicción, con su verdad innegable de miseria y desamparo. Y hay necesidad de huir, de salirse, de aprender el olvido, no el olvido total, sino aquel que hace una enajenación de los recuerdos que abruman y nos inmovilizan. Lilliam, pudo escapar de muchos lugares, exiliarse; pudo salirse de un aburrido mundo de obviedades y lugares comunes, escapar del peso terrible del ayer, del tiempo y hasta de la propia realidad de la muerte. Pero de lo que si nunca pudo escapar fue de la poesía, como hija adoptiva aceptó su ciudadanía perenne. Poesía, Patria, Reino, el sitio desde donde puede mirarse hacia el futuro y las eternidades. Si en el conocimiento no hay explicaciones para el dolor, el absurdo del tiempo y la muerte. La poesía nos convence que la muerte no acabará con los poetas, la muerte no puede con la poesía porque esta se nutre de la vida, y la muerte no es más que la vida. La muerte ni siquiera es un país del que no se regresa. La muerte es solo sueño. La poesía es continuidad, infinitud, un espacio de vida indestructible.

Miami, febrero 6 de 2021.

HOMENAJE

A Lilliam Moro.

Una poeta se muere
una poeta

y yo sin tiempo
sin palabras que decir
con las alas cortadas
con esta absurda noche que se cierra
con la esperanza golpeada
por la muerte.

Gira la noche hacia la noche
en su peor ceguera
los círculos perfectos del aire
en su rutina.

Una poeta tendida ahí
en el espanto primero de la luz
en el naufragio sordo del silencio.

Nunca tan frágil
desoyendo
los disfraces serenos
un sol de soles
cernido

los solsticios todos
algún advenimiento.

Una poeta en su tarde
de paz
en su espiga de niebla
anochecida

en la volátil frontera
en la vigilia del amor sin frutos
que corona a la muerte.

***

Ahora el corazón
en su limo de frescura y sol.
Tantas gaviotas alzadas
sobre la blancura náufraga de la luz.

La realidad en su entraña virgen
la ardua realidad en su limosna
concertándose
los ciclos que cierran la oscuridad.

Ahora el demasiado estrépito
el ruido insoportable
el corte   /las agujas
el balastro de los ojos
en su último desdén

y estas manos
lanzadas
que abrigan el abismo
estas manos que escriben
que retienen pródigas
los signos de la muerte.

***

Se va entibiando el mundo,
Se va entibiando el mundo y los muertos echan brotes y
florecen.
Paul Celan.

Te llaman por tu nombre
No respondas
no sucede nada
nada sucede.

El poema no es un pájaro
mutilado
es una especie de prodigio
entra en él.

Aletea
no cierres los ojos
hay un montón de vida
sucediéndote.

***

Esa expresión de tus ojos dice más
que todas las realidades
ese párpado abierto como un torrente
esa cabeza que inicia el mundo.

Como un álamo en su incendio
siempre verde
como un ciprés entre cipreses
en su espiral lluviosa.
Ya no serás la imagen del olvido
ya no /ya no serás la ultimada inocencia.

Desconfía de la vida
de toda esa madeja inútil que es la sombra.
Redime el tiempo impronunciable
ese caos que es la esperanza
en el desequilibrio que es la noche.
Deja que siga el silencio
en su hipócrita congoja
y no te mueras entonces
no te mueras.

TU CORAZÓN VA CAYENDO CONMIGO

Tu corazón como un muérdago
llenándose de lluvias.

Toco un salterio para ti
como un David renovado
para que Dios escuche
tus semillas latiendo
mi propia semilla
mi enigma de mujer
el tiempo virgen
para que Dios devore
el cardumen de la luz
en su esterilidad
la endémica migaja
de la muerte.

***

Escribo las sílabas enteras
de su nombre.

Oh pureza de Dios
el tiempo del zumbido
y las arterias.

La vigilia incendiaria.

La largura del parto
y los ángeles

sobre las magníficas serenidades
vistiendo esa inocencia
que es la muerte.

***

Sigue desnudando
esos pájaros de luz ciega acompáñalos
tú con tu piedad aliméntalos con las
absurdas vanidades.

Sigue sembrando ojos
en la libertad de las palabras.

Deja que termine de pasar
la célebre imagen de la muerte.

Todo ese ramaje de muertos
de buenos difuntos
que visten mi país
tú país.

Ni siguiera la muerte
nos acercará a la libertad
ni siquiera estar muertos
nos dará una apariencia gloriosa.

Porque la vida es la vida

Acompáñate aquí
rompe el descolor
los babilónicos silencios
que confunden la noche.

Niégate a entrar
hazte ligera como el silbo
de la flecha lezamiana.
El signo incomprendido
sigue aguardando.

Rompe tú
esa amalgama huérfana de infinitud.

Engéndrate ahora que arde
esa monotonía de la muerte
ahora que el cielo ruge en su semilla
y este pedazo de sol amargo
se escurrirá como el recuerdo.

estás adentro
y has cerrado la puerta: estás adentro

Como se queda el polen diminuto
en sus domados diálogos
esos cadáveres
que se tiende en las luces.

Como el amor te quedas
en su intacta fiereza
como el amor
en su cáscara y fruto
adornando
el viejo candor de las palabras.

Tú cantas aquí
te abres
benignamente
como la claridad.

Y uno descubre entonces
que se puede vivir eternamente
en quien se marcha.
Porque un poeta no se disuelve
porque un poeta
no se ausenta para siempre.

Rosa y púrpura
tan íntima como la luz.

Flor del abismo
no cerraran sus ojos
abiertos a tantas soledades.

Y no sabrán domesticarla
ella es como la muerte.

decrece solícitamente
la oscuridad

sus ojos son ese laberinto
donde respira la vida
su eternidad de asombro.

***

Duerme el sueño de paz
tú que sufres la herida que arde y se agita
el desparpajo que es la oscuridad
esos desamparos casi perfectos.

La noche es ahora flor
lumbre y vísperas
concertándose.

Tú como la hoja caída que no vuelve
y es enterrada
bajo el crepúsculo de

Hölderlin.

En la mayúscula oscuridad
de un perpetuo espejismo.

Tú solo tú
y la terrible soledad
al borde de tu muerte.

***

Era la tarde de las tardes
la tarde detenida de Dios para nosotras

Tendidas sobre los vientos feroces
quién nos protegerá del silencio
de la bestial inarmonía de la sombra.

Quién profanará
los rastros de ponzoña
y viva voz
las rosas que rondan sin destino
los derramados soles de tantas soledades.

Como a ti
me has interrogado tantas veces
como tú sigo abrazando
ese corpúsculo infinito de la muerte
el almendro en su música
el lenguaje en su terrible paradoja.

Respiramos el dolor en su aire
en su amarga procesión solidaria.
De espaldas contra el viejo muro
esperaremos juntas el disparo de gracia.

***

Habítame como si fuera tu casa.
Divide el ojo de los muertos
el siseo interminable.
Hállate aquí
cercana
bajo los riscos blandos de la luz.
Descubre
la fibra dulce del amor
en su pascua nómada
entre los tonos azules del lenguaje
el silencio que nos encarnará.
La ternura vuelve a soñarse
la vieja nostalgia.
Habla ahora que estoy hecha de silencios
ahora que la lluvia empieza
a hundirme en su desesperanza.
Ahora la muerte es un sonido
que sigue prolongándose
como Dios en su atenuante paz
en su recogimiento.

Odalys Interián Guerra.
Del libro: *Te mueres, se mueren, nos morimos*

DE JOSÉ HUGO FERNÁNDEZ

SILENCIOS ATRAVESADOS EN LA GARGANTA

"Tengo silencios atravesados en mi garganta
y cuando los grito
se los lleva el viento feroz de la borrasca".
Lilliam Moro

No me hubiera gustado ser amigo de Rimbaud, ni de Pound, ni de la Woolf o Pizarnik o Szymborska, cuyas obras van siempre conmigo dispensándome una compañía entrañable. La devoción por la literatura –que es mi único credo-, me inhibe del acercamiento personal a los escritores, tanto como favorece mi apego a las creaciones de aquellos a los que admiro. Debe ser porque pienso que el ego desbordado, la vanagloria o la perenne e insana necesidad de reconocimiento no son buenos soportes para la amistad, ni siquiera para el disfrute del quehacer literario de quienes sufren esas taras.

Claro que puedo estar equivocado, pero el argumento sirve al menos para explicarme por qué tengo pocos amigos escritores. Y entre los que tengo, la profesión es detalle accesorio. No los busco, aun cuando a veces los encuentro. Tampoco creo que el asunto le interese a nadie más que a mí. De modo que si lo he traído a colación es sólo como introito para rendir cuentas a la memoria de Lilliam Moro, de la cual sí que me hubiese gustado ser amigo, no por su condición de gran poeta cubana, sino más bien a pesar de ello.

Nos encontramos físicamente sólo en dos ocasiones. Pero bastó con el primer encuentro para que yo malograse la oportunidad de ser su amigo. De nada serviría entonces que me sintiera cautivado por su poesía desde aquel rudo verano habanero (creo que en la década de los ochenta), cuando alguien la desveló ante mis ojos como quien señala un OVNI, luminosa, lejana y un tanto inverosímil, debido quizás a su carácter de tema prohibido.

Las circunstancias que marcan el inicio de mi acercamiento a sus versos, más los versos mismos, de genio orive, brillantes y firmes, ajenos a toda verbosidad y a cualquier tipo de ornato que no emane de un personalísimo instinto embellecedor, me condujeron a distinguir inmediatamente a Lilliam como una poeta de rara casta. Incluso estuve a punto de creer que era extranjera. No porque fuese imposible hallar buena poesía cubana en esa época, sino porque la suya no se emparentaba con ninguna que yo conociera.

Poemas ahormados con sutil maestría para dar entidad a lo simple, o para descolgar a ras del suelo las más caras sensaciones y experiencias: "Desde una ventana abierta a la noche/todas las ciudades son iguales/cuando se espera lo que no vendrá". Versos que comprimen sus néctares buscando equilibrio entre la elevación y el descenso: "La posteridad ha pasado de moda… todo cielo es inútil". Símiles tersos, con giros que imprimen una muy especial delicadeza hasta en las pulsiones más hoscas: "No rompas el espejo que te pongo delante/porque en cada trocito habrás multiplicado/lo que no quieres ver".

Las claves del estilo poético de Lilliam, ingénito, connatural, me ayudaron en alguna medida a comprender por qué era una extraña en su país y muy probablemente en cualquier otro. Encontré razonable entonces que sus versos y aun su nombre permanecieran fuera del alcance público en una isla cuyos estamentos culturales sufren por ley la imposición de lo simétrico y lo insulso. Más tarde iba a saber que en el exilio, aunque le fuera mucho mejor con su obra y aun cuando nunca le faltaran amigos fieles, tampoco lograría hallar su Ítaca. La patria de los poetas poetas es el éter, por mucho que insistan en reconocerse afincando raíces en algún rincón de la tierra. Son criaturas alígeras.

Transcurridas más de tres décadas luego de aquella aproximación inicial a sus versos, la vi por vez primera, en Miami, justo en la tertulia *La otra esquina de las palabras*, del Café Demetrio. Yo había leído ya casi toda su obra publicada, pero conocía muy poco sobre su persona. Este último detalle, junto a mi carácter sumamente distraído y a mis inexcusables poquedades en materia de relaciones sociales, propiciaron que al aproximarme a su mesa para comprar un libro que ella acababa de presentar, no le dirigiera no digamos un saludo de elemental cortesía, ni siquiera una leve mirada. Cuando tuve conciencia de la mala pasada en que incurrí, ya no estaba a tiempo de enmendarla. Y debo confesar que tampoco me hubiera interesado hacerlo si no llego a enterarme muy pronto de que la esencial transparencia de Lilliam como ser humano, su bondad, su sencillez y modestia, eran cabalmente proporcionales con su grandeza poética.

Al saberlo, decidí pasar por el apuro de disculparme con ella, enfrentando el riesgo de que me devolviese hielo por hielo. Pero no ocurrió así. Lilliam no recordaba el incidente, o eso me dijo. Tal vez ni siquiera había reparado en mi presencia aquel día del primer encuentro en la tertulia, aunque tuvo la delicadeza de no que confesarlo. Así que no me fue propicio el momento para dar cauce a los silencios que llevaba atravesados en la garganta. Tuve, en cambio, el privilegio de conversar a mis anchas con ella. La irradiación de sus pensamientos, agudos, reflexivos, serenos, muy en especial su manejo de la ironía, finísima y siempre a flor de labios, fueron un estímulo extra para que valorase cuánto me hubiera gustado ser su amigo. Mas la muerte se interpuso.

A no ser que tengan razón los físicos cuánticos respecto a la muerte, que no existe, según ellos, pues nuestra conciencia apenas abandona el cuerpo en forma de energía para pasar a un estado distinto, sólo Dios sabe dónde y bajo qué nuevas circunstancias. Si así fuera, no pierdo entonces la esperanza de llegar a ser amigo de Lilliam. Quedaría por confirmar si ella está dispuesta a concederme otro encuentro, en conformidad con aquello de que a la tercera va la vencida, y además de acuerdo con que mucho mejor que en el paraíso de los hipócritas, ambos preferimos volver a vernos en el infierno de los justos.

Miami, enero 3 de 2021.

DE CARLOS ESPINOSA DOMÍNGUEZ

ESTRENO BRILLANTE Y PROMISORIO

En su primera incursión como novelista, Lilliam Moro parte de la tragedia de los balseros para abordar la realidad cubana de las últimas décadas.

Autora ajena al apremio por publicar, preocupada más por pulir y corregir, Lilliam Moro (La Habana, 1946) nos debe ya desde hace tiempo un nuevo poemario (el último, Poemas del 42, data de 1988). Mas he aquí que mientras éste llega, nos da ahora la agradable sorpresa de entregarnos En la boca del lobo (Editorial Verbum, Madrid, 2004), su primera incursión en la narrativa, que viene avalada por el I Premio de Novela Corta Villanueva del Pardillo.

En la boca del lobo narra las peripecias de seis personas que salen clandestinamente en una balsa, con el propósito de llegar a Estados Unidos. En realidad, ese es sólo el núcleo al que Lilliam Moro articula una serie de ramificaciones, que le permiten recrear algunos de los hechos más significativos de la historia cubana contemporánea: el triunfo de la revolución, la campaña de alfabetización, las UMAP y las "recogidas" en La Habana, la entronización de la dictadura y la adopción del modelo soviético, las aventuras militares en África, el éxodo del Mariel, la depauperación de la sociedad durante el Período Especial. Eso hace que la novela no se reduzca al relato del viaje de los balseros, sino que además profundiza sobre ello al arrojar luz sobre la realidad política y social que llevó a los protagonistas a lanzarse a tan desesperada y riesgosa travesía.

Para poder ofrecer esa imagen tan abarcadora, Moro realizó, en primer lugar, una inteligente selección de los personajes que componen el grupo de balseros. Éste está compuesto por dos mujeres (Bárbara y Aurelia) y cuatro hombres (Evaristo, Jorge, Manolo y Alberto), cuyas edades, formación y procedencia social son muy distintas. Bárbara, por ejemplo, es una pintora que durante muchos años estuvo segura de que estaba viviendo una experiencia única. Pero un día se dio cuenta de que había perdido la amable armonía de antes: se le fue yendo poco a poco, "cansada de oír hablar de ese futuro que no sólo no llegaba nunca, sino que ya ni tan siquiera se creía sinceramente en él: como un Retablo de las Maravillas a lo cubano, nadie creía en lo que decía que creía". Todos aquellos años los sobrellevó además con el miedo a que descubrieran que es lesbiana, un punto vulnerable que seguramente los agentes de la Seguridad del Estado utilizaron al captarla como informante.

Otros de los balseros son Manolito y Aurelia, su tía. Esta última, en realidad se ha lanzado a aquella aventura suicida por seguir a su sobrino, quien, tras la muerte de la madre, cuando era aún un recién nacido, sólo la tiene a ella. Aurelia estaba ya resignada a sobrevivir en su vejez con el poco dinero que le dan como retiro, y con algunos pesos extras que pudiera sacar cuidando niños en su casa. No mucho, en fin, pero al menos suficiente para poder llegar al fin de mes. Manolito, en cambio, pese a ser muy joven, conocía ya lo que significa la existencia bajo el miedo. Una inocente charla con un turista canadiense bastó para que la policía lo detuviese. El oficial que lo interrogó lo amenazó, en un alarde de poder, con represalias mucho peores: "La próxima vez que te cojamos hablando con un extranjero, te vamos a meter en una granja de rehabilitación, pero no por contrarrevolucionario, sino por maricón. Aquí nadie pasa desapercibido, ¿te das cuenta?, todo está bajo control: ¡como un día te equivoques con nosotros, te enseñamos el expediente completo desde que naciste!". Fue así como Aurelia decidió seguirlo y ahora se ve "encaramada en aquella balsa en medio del mar y a saber qué pasa…".

Ante todo, sorprende y admira cuánto logra revelar sobre la realidad cubana esta novela que no sobrepasa las ciento cincuenta páginas. Moro la ha estructurado a manera de un relato coral, de una polifonía de voces, en la que las experiencias de los personajes se van integrando unas a otras como piezas de un rompecabezas. A su vez, éstas al completarlo componen la imagen de todo un país, así como de los acontecimientos más significativos que sus habitantes han vivido en estas últimas cuatro décadas. La autora eludió escribir una obra complaciente, acomodaticia o políticamente correcta. Por eso para su estreno como narradora, aborda una de nuestras tragedias más dolorosamente contemporáneas. Ese empeño cristaliza en un texto intenso, duro, desgarrado y de una profunda amargura, que trasluce su compromiso ético con el tema que trata y al cual se le puede aplicar con toda justicia el calificativo de necesario.

Nueva Jersey | 24/10/2005

LEER, VER, OÍR

Para la escritora Lilliam Moro, leer es un placer solitario. No se imagina leyendo en lugares públicos, rodeada de gente. Tampoco al aire libre, pues necesita un sitio íntimo, resguardado del "mundo real", como su casa

Hace un par de años, Lilliam Moro publicó su Obra poética casi completa (1963-2013. En ese volumen de trescientas y tantas páginas, recogió su labor creadora de cinco décadas, que inició en

Cuba cuando estudiaba letras en la Universidad de La Habana y era miembro del grupo nucleado en torno a las Ediciones El Puente. Su primer libro, La cara de la guerra (1972), lo editó tras su salida a España. Allí también vieron la luz Poemas del 42 (1989) y Cuaderno de La Habana (2005). En 2005 también debutó como novelista con En la boca del lobo, con la cual ganó el Premio de Novela Corta Villanueva del Pardillo. En la actualidad reside en Miami, desde donde ha accedido amablemente a contestar las siguientes preguntas.

¿Qué libro(s) estás leyendo o tienes en la mesita de noche para empezar a leer?

Lilliam Moro (LM): La rama dorada, de J.G. Frazer.

¿Recuerdas el primer libro que leíste?

LM: Fue El pescador y su alma, un cuento de Oscar Wilde editado para niños, con ilustraciones en relieve. Me dejó impactada. Me lo compró mi madre en una tienda que había en los bajos del edificio donde vivíamos, en Caracas, Venezuela. Yo tendría 7 años.

¿De qué libro guardas un mejor recuerdo?

LM: Son muchos los libros y muchas las buenas impresiones que llevo de ellos conmigo, lo mismo a nivel emocional que intelectual. La biografía está compuesta por las obras que llenaron nuestra vida y la enriquecieron: después de leer una buena obra, ya nadie es el mismo. Cuando termino de leer un buen libro siento una gratitud especial. Mencionaré unos cuantos, sin orden cronológico (y con un sentimiento de culpa con respecto a los que no incluyo): Mrs. Dalloway, de Virginia Woolf; Mientras agonizo y Absalón, Absalón, de Wiliam Faulkner; Donde el corazón te lleve, de Susana Tamaro; Robinson Crusoe, de Daniel Defoe; Alicia en el País de las Maravillas, de Lewis Carroll; El Monte, de Lydia Cabrera; El Reino de este mundo, de Alejo Carpentier, Vida de Lazarillo de Tormes, anónimo; La Vorágine, de José Eustasio Rivera; Pedro Páramo, de Juan Rulfo; La tierra baldía, de T.S. Eliot; La broma, de Milán Kundera; Juan Cristóbal, de Romain Rolland; 1984, de George Orwell; las memorias de Arthur Koestler… y en otro orden de cosas, los Evangelios y Un curso de Milagros.

¿Qué libro famoso se te cayó de las manos o dejaste a la mitad?

LM: El nombre de la rosa, de Umberto Eco.

¿Cuál es el libro que más veces has leído?

LM: La tierra baldía, de T.S. Eliot y los poemas de César Vallejo.

¿Prefieres leer obras nuevas o releer?

LM: Depende. Lo normal sería leer obras nuevas, pero a veces se desea releer, como para recordar un gran amor.

¿Qué libro te gustaría haber escrito?

LM: No poseo el defecto de la envidia.

¿En qué libro te quedarías a vivir?

LM: En Un curso de Milagros.

¿A qué autor invitarías a cenar y a cuál le darías el Premio Nobel?

LM: Le daría el Premio Nobel a Jorge Luis Borges, porque injustamente se quedó esperándolo. Invitaría a cenar a Gastón Baquero, en reciprocidad por las veces que me invitó a mí y porque tenía una conversación inagotable.

¿De todos los lugares de la casa, ¿cuál prefieres para leer? ¿Lees fuera de la casa, por ejemplo, en los viajes, en un café?

LM: Para mí, leer es un placer solitario; no me imagino leyendo en lugares públicos, rodeada de gente; tampoco al aire libre: necesito un sitio íntimo, resguardado del "mundo real", como mi casa.

¿Qué libro regalarías a un niño para iniciarlo en la lectura?

LM: El mismo con el que yo me inicié: el cuento El pescador y su alma, de Oscar Wilde, si es que encuentro una edición parecida a la que leí 62 años atrás.

¿Qué obra literaria te gustaría ver llevada al cine?

LM: Mi novela En la boca del lobo.

¿Cuál película basada en un libro es tu favorita?

LM: Son tres películas: El doctor Zhivago, El nombre de la rosa y Un tranvía llamadoDeseo.

¿Qué película famosa dejaste a la mitad?

LM: No fue una película, sino una obra de teatro: Largo viaje del día hacia la noche, de Eugene O'Neill, una obra que me gusta mucho pero no puesta en escena.

¿Cuál fue la primera película que recuerdas haber visto?

LM: Dos: la vida de Van Gogh (Lust for Life), de Vicente Minnelli e interpretada por Kirk Douglas, y Helena de Troya, de Robert Wise, interpretada por Rossana Podestá. Ambas películas las vi con 10 años.

¿Cuál es la que más veces has visto?

LM: Tres: Casablanca, de Michael Curtiz, El séptimo sello, de Ingmar Bergman y Cabaret, de Bob Fosse.

¿Qué película te hizo llorar o reír a carcajadas?

LM: Llorar sin lágrimas: Gorilas en la niebla, de Michael Apted.

¿Qué obra de teatro te dejó clavada en la butaca?

LM: Ninguna, porque el teatro sólo me gusta leído, como obra literaria, no como representación. Pero de ballet, sí: El lago de los cisnes, de Tchaikovski.

¿Qué tipo de música prefieres y escuchas con más frecuencia: clásica o popular?

LM: Me gustan ambas; depende del momento y de la calidad de la popular; pero la mayor parte del tiempo prefiero la clásica.

¿Qué canción o pieza musical te gustaría haber compuesto?

LM: Lo reitero: no soy envidiosa.

¿De qué pintor desearías tener una obra en tu casa?

LM: De Velázquez.

¿Con qué personaje de ficción te sientes identificado? ¿Por qué?

LM: Con Lilliam Moro, más de la ficción que de la vida real.

Cuéntame, por último, una experiencia cultural o literaria que cambió tu vida.

LM: Leer los poemas de César Vallejo le dio un vuelco a mi sensibilidad estética.

Mississippi | 19/06/2015
© cubaencuentro.com

EL ATRIBUTO DE LA AUTENTICIDAD

Tras haber obtenido el año pasado en España el Premio Internacional Pilar Fernández Labrador, la faena creativa de Lilliam Moro está conociendo un periodo muy fértil.

En su prólogo a *Contracorriente* (Diputación de Salamanca, 2017, 78 páginas), poemario con el que Lilliam Moro obtuvo el IV Premio Internacional de Poesía Pilar Fernández Labrador, la profesora Carmen Ruiz Barrionuevo apunta que "es un libro que manifiesta una honda coherencia con su escritura precedente, ya dilatada, y una fidelidad a su poética, a sus reflexiones y a sus ideas".

El comentario es atinado, pero conviene hacer notar que con esta nueva entrega de su poesía Moro ha iniciado una nueva etapa que contrasta con un rasgo notorio que hasta ahora había caracterizado su ejecutoria. Si se revisa su bibliografía, se advierte que entre la salida de un libro y otro transcurrían varios años: *La cara de la guerra* (1972), Poemas del 42 (1989), *Cuaderno de La Habana* (2005), Poesía casi completa (2013). En cambio, tras obtener el mencionado galardón su faena creativa está conociendo un periodo muy fértil. Meses después de la publicación de Contracorriente, salió de la imprenta *El silencio y la furia* (Editorial Ultramar, Miami, 2017, 61 páginas). Y aunque no es inédito, pues ya estaba incluido en Poesía casi completa, conviene mencionar que este año ha aparecido en edición electrónica *Tabla de salvación* (Editorial Betania, 2018, 63 páginas).

Interrogada por quien esto escribe acerca de este hecho notorio, Moro ha dado esta explicación: "Desde que salí de Cuba hace más de 48 años, toda mi obsesión era dedicarme a escribir. Entonces tenía 24 años. Hice todo lo imposible por realizar este afán, que se volvió una dolorosa lucha contra la necesidad de sobrevivencia material, pues el trabajo era prioritario. No sirvo para ser poeta a media jornada y, como dice una frase que hice mía: «Donde pongas tu atención, ahí estás tú». Fue un largo y frustrante camino. Pero actualmente me di cuenta de que si hubiera tenido todo el tiempo del mundo no habría podido expresar lo que últimamente he escrito. Ahora, que dispongo de tiempo, es como si hubiera hecho explosión todo lo que llevaba dentro, contenido, aguardando este momento. Hay un tiempo exterior y un tiempo interior. Todo llega cuando tiene que llegar".

¿Cuáles son las principales vertientes temáticas por las cuales transita la poesía más reciente de Moro? Ante todo, conviene decir que hallamos varios de los motivos que estaban presentes en sus libros anteriores. En algunos de los textos de Tabla de salvación, abordaba el propio hecho poético. En *Contracorriente,* vuelve al mismo en el bloque "Por imperativo categórico", un título en el que Moro, como bien señala Ruiz Barrionuevo, hace alusión a su destino vocacional en la escritura. En "Erótica de la página en blanco", ese síndrome inherente al proceso creativo deja de ser algo angustioso para adquirir una connotación sensual: "Aquí está frente a mí/ tratando de excitarme con su olor/ cuyo efluvio es la reminiscencia/ del origen de todos los placeres, / la fuente de la vida que quedará impregnada entre mis dedos. / Me lleva a acariciar su superficie/ y coloco mi mano sobre su suave piel/ y la deslizo como si fuera el cuerpo/ ensimismado y tembloroso de una primera vez".

En "Metáfora imposible", que forma parte de *El silencio y la furia,* emplea la personificación o prosopopeya para hablar de la dificultad de lograr la expresión justa. Esa figura asume así valor corpóreo y "se resiste como un amor esquivo/ o un cuerpo que no ha temblado aún/ bajo el ardor de las palabras". Se muestra indiferente a sus reclamos, "pero hace señas desde lejos/ para que la persiga, / la traiga hasta mis sábanas de tinta/ con el sosiego de los amores imposibles".

De esa suerte de desacralización o, si se prefiere, de acercamiento del hecho literario a la vida, también participa "El equilibrista". Aunque la lectura más obvia es la de la concepción del mundo que tiene Moro ("Nadie sospecha/ que somos los equilibristas/ sobre la cuerda finísima del caos/ en un circo de espectadores ciegos"), también es admisible la interpretación de Álvaro Alves de Faria, para quien "el poeta es aquel equilibrista que anda sobre la cuerda finísima del caos, de lo que está quebrado, de lo que dejó de existir y vive una memoria casi agotada, donde las imágenes se pierden y las palabras se mutilan en las sombras. Cabe al poeta reconstruir y juntar los pedazos y transformar todo en poesía, lo que al menos se salva lo lírico casi imposible en un tiempo de absoluta negación". Poesía que da cuenta de lo vivido.

En "Homenajes", otro de los bloques que conforman *Contracorriente,* Moro añade nuevos tributos a cubanos insignes a los incluidos por ella en *Cuaderno de La Habana* (Ernesto Lecuona, José Lezama Lima). Ahora suma a esa galería a figuras de otras nacionalidades, y además de a Reinaldo Arenas, Gastón Baquero y Lydia Cabrera, dedica poemas a la activista y política birmana Aung San Suu Kyi y al poeta nicaragüense Rubén Darío. Asimismo y aunque no pertenece a ese bloque, también se inscribe entre esos homenajes "Los náufragos", en el cual rinde homenaje a otros compatriotas suyos, estos anónimos, que han perdido en la vida en el mar: "Todos aquellos que nadaron/ y no llegaron a ninguna parte/ porque los devolvieron enseguida.// Todos los que arribaron a las playas de a tierra prometida pero inertes,/ boca abajo, con arena en la boca.// (…) Los que dejaron una familia esperanzada/ diciendo adiós desde la costa./ Los desesperados, los aventureros,/ los buenos, los malos, los casi malos, los medio buenos.// Los que tuvieron la suerte de llegar/ pero sintieron que no valió la pena.// A alguien le tendrán que pedir explicaciones".

Los años vividos son suficientes para echar la vista atrás y hacer recuento. Eso se plasma en textos como "Conversando con Carlos", "El saco", "Prohibido por ley" y "La noche de la sidra", en los que Moro adopta un discurso meditativo, conceptual y hondo. Reserva también espacio para una rememoración de personas, lugares y momentos que inevitablemente está teñida por "un poco de melancolía". Mucho es el tiempo transcurrido desde la edad en que se creía que todo era posible y se vivía con la vana idea de ser eternos. Pero "el presente se hizo aire entre las manos/ mientras morían los amigos, los parientes, / nuestros gatos/ y nuestras más solemnes convicciones. // Hoy por hoy/ ya no nos queda mucho tiempo/ para cambiar el mundo/ y mucho menos a nosotros".

En esos textos, Moro se mantiene fiel a los que constituyen los rasgos característicos de su escritura. La suya es una poesía testimonial, que da cuenta de lo vivido y expresa sus pulsaciones, sus preocupaciones. Los temas están expresados con una dicción acompasada y con un lenguaje cuidado, a la vez sobrio y emotivo. Moro además construye sus poemas con una notable solidez y con un concepto claro de su arquitectura. Asimismo, sus textos poseen una lograda limpidez reflexiva, lo cual les confiere la capacidad de conmover y, al mismo tiempo, iluminar.

Resulta oportuno, sin embargo, hacer notar que en algunos de los poemas incluidos en *El silencio y la furia* se advierte un ostensible cambio de clave tonal. Aunque no son los únicos, pienso que donde eso se pone de manifiesto de modo más acusado es en "Rompiendo el aire" y en el que da título a la colección, y que además se cuentan entre los más extensos escritos por su autora. Para ejemplificarlo, me permito copiar un fragmento del primero: "Hoy he ayudado a matar a un inocente. /Desconozco sus señas personales, / su biografía, si existe una familia que lo llore// no me pudo decir sus esperanzas o sus sueños;/ ni siquiera su nombre, / ni si era bueno o malo;/ era solo uno más que temblaba de miedo/ al borde del precipicio del horror".

Ambos son, ya digo, poemas mucho más extensos que los que Moro acostumbra a escribir (*El silencio y la furia,* tiene once páginas). Las formulaciones con que están expresados son también más complejas, lo cual da lugar al uso de imágenes y símbolos más intrincados. Por otro lado, el tono confesional e intimista ha dado paso a un discurso en el que el escepticismo y el engaño existenciales adquieren tintes más desoladores, desesperanzados y oscuros: "¿Pero de qué final estoy hablando? / ¿Quién puede asegurarnos que hay un término/ y no un perseverar enloquecido en otra dimensión/ donde continuaremos arrastrando/ las miserables tensiones que nos trajeron hasta aquí. / a esta pausa engañosa que llamamos la vida?" *Contracorriente* y *El silencio y la furia* dicen mucho del buen hacer, el rigor y la constancia de su autora. Vienen a sumarse y a enriquecer una trayectoria coherente y destacada, que lleva el atributo indeleble de la autenticidad, de la poesía verdadera.

Aranjuez | 19/10/2018 10:09

DE PÍO E. SERRANO CASTELLANOS

La querida amiga, autora y colaboradora de Verbum, Lilliam Moro ha fallecido en Miami. Después de una larga enfermedad que afrontó con entereza y dignidad conoce, al fin el descanso. El reposo de una existencia de padecimientos, del coraje que se alza ante la adversidad, de la infatigable entrega a la creación, de la resistencia a las ideologías del sometimiento, de la constancia en la denuncia y la defensa de la libertad de Cuba, y de su fervorosa entrega al amor.

Desde muy temprano, aquella frágil jovencita dio muestras de entenderse a sí misma únicamente a través de un diálogo íntimo y soberano con la realidad por opresiva y desgarradora que le resultara, o quizás por ello mismo. Su precoz mirada de poeta, sin embargo, huía del solipsismo y se mostraba dotada de una rara intuición –visión- no exenta de una gran capacidad de comunicación. Como Brodski, pudo escribir: "What keeps hearts from falseness in this flat region / is that there is nowhere to hide and plenty of room for vision. / Only sound needs echo and dreads its lack. / A glance is accustomed to no glance back".

En la década del 60 compartimos aula en la Escuela de Letras de la Universidad de La Habana y páginas en la, condenada a permanecer inédita, y alentada por José Mario en Ediciones El Puente, "Segunda novísima de poesía cubana" (1965). Jesús Barquet, en 2011, y gracias a Reinaldo García Ramos, rescató la "Segunda novísima de poesía cubana" para los lectores cubanos.

De ese libro apaleado por el castrismo, extraigo unos versos de su poema "Las imágenes rotas" en los que adelanta esa mirada suya para expresar con rebeldía el malestar existencial: "Los días / son compactos bloques de ideas / huidizas acciones / ademanes gastados que nos igualan / mientras nos despedazamos en el amor / rostros abiertos a la noche sola / nosotros igualados por tantos rostros / heredadas maldades, nobleza disecada / y el amor / común aspiración que da al vacío / que va como la muerte a perpetuarse". Sí, el recurrente ejercicio del amor que nunca la abandona.

Así se pudo ver en sus primeros cuadernos, inéditos hasta fecha reciente, pero conocidos entre sus amigos, los que ella, discreta siempre, llamaba "mis precoces pecados poéticos": *Las traspasadas voces* (1963), *Las imágenes rotas* (1963-1964) y *Palabras son palabras* (1964-1965. Ya en 1965 su libro *El extranjero* ganó el certamen poético en el que participaron poetas de las Escuelas de Letras de las tres universidades nacionales, aunque permaneció inédito. Más que extranjera, su poesía la delata marginal, esquinada en un malestar poco complaciente, que la distancia del generalizado ruido entusiasta que la acosa.

Después, nos reencontramos en el Madrid de la década del 70, donde Lilliam se entregaría, con la misma vocación de excelencia en todo lo que hacía, a la noble profesión de editora de libros. Así, colaboró con Playor en la edición de *La Enciclopedia de Cuba*, dirigida por su buen amigo Vicente Báez, y donde publicó sus *Poemas del 42,* para luego ocuparse durante casi una década a la edición de los *Clásicos Castellanos* de la editorial Castalia, hasta que, al fin, marchó a Puerto Rico para llevar su buen hacer en Plaza Mayor, la editorial que dirigía Patricia Gutiérrez Menoyo.

Unos años antes de partir, prácticamente nos veíamos a diario, pues Lilliam vivía en una buhardilla, en los altos de la casa donde vivíamos Edith Llerena y yo, en la calle León 3, desde donde me sometía todos los sábados a la monótona letanía del sorteo de la lotería, de la que ella era devota seguidora. Muchas noches veraniegas engañábamos al tedio jugando al póquer. Así, hasta que cambió su residencia a la cercana Aranjuez.

Cuaderno de La Habana (2005). También un volumen, no pequeño, sino breve; trabajado con el empeño y la serenidad del fabbro del que nos hablaba Pound. Sin atender a urgencias externas ni a falsas autocomplacencias, se toma el tiempo necesario para dejar reposar su palabra y entregárnosla únicamente cuando ella entiende que ha terminado su tarea.

En este libro de madurez se descubre una mayor hondura en la expresión de esa melancolía leve en la que el sentimiento, como es habitual en la autora, queda discretamente soterrado, ajeno de la fácil retórica; en esa recuperación de la memoria, íntima y pudorosa, que restablece con lucidez espacios, territorios, nombres imantados a lo más esencial cubano.

Asoman a estos versos, junto a aquella ternura de la compasión a la que se refería Flaubert, una callada furia, que es resistencia al desgaste que la historia impone a la ciudad, el repertorio de los restos de una felicidad perdida. Este libro es un acto de amor y revela la eficacia única de la poesía cuando se trata de lavar la memoria con amor.

2013 fue el año de la, merecida y postergada, recuperación integral de la obra de Lilliam Moro hasta la fecha. Con la publicación de Obra poética casi completa (1963-2013) se pudo disponer en un volumen los seis libros aquí registrados, más una selección inédita de su poesía anterior.

El volumen se completaba con un nuevo poemario, *Tabla de salvación* (2006-2013), publicado posteriormente en 2018, en el que, en palabras del prologuista,Carlos Espinosa Domínguez: Lilliam Moro alcanza "su más alto grado de lucidez, intimismo existencial, pulcritud de estilo, condensación conceptual y meditativa".

Más tarde, ya en Miami, después de que Aurora y yo fundáramos Verbum, colaboró con nosotros, en particular en su colección de Poesía, dirigida por el poeta boliviano Pedro Shimose, al tiempo que recibía, también en Verbum, el premio literario por una desgarradora novela sobre la travesía de los "balseros" cubanos.

En la boca del lobo (Premio de Novela "Villanueva del Pardillo", Verbum, Madrid, 2014), texto de estudio en varias universidades españolas, relata los padecimientos de un reducido grupo de 'balseros', desorientados en la oscuridad mar mientras intentan llegar a la costa de la Florida. El relato se articula en el flujo de conciencia de los fugitivos que, como en el momento de la muerte, recuperan la memoria de su existencia.

En 2017 Lilliam Moro recibió en Salamanca su primer reconocimiento internacional al resultar ganadora del Premio Internacional de Poesía "Pilar Fernández Labrador", por su libro *Contracorriente,* circunstancia que hizo posible que su poema "En memoria de ellos" fuera traducido a quince idiomas y que fuera publicado el mismo año en un volumen homenaje.

Así, la lenta y progresiva escritura de Lilliam Moro se ha ido abriendo hacia un diálogo con la realidad, rebelde y comprometido, más allá de la poesía social o de la poesía cívica, para ahondar en el oscuro corazón del hombre. Como Anna Ajmátova, "enemiga del pueblo" en su país natal, sustenta su escritura en la integridad inamovible de su ética, en su resistencia a las ideologías del sometimiento, frente al ocultamiento de las verdades últimas, al cinismo y a la vulgaridad.

Durante sus años de Miami, Lilliam pudo conciliar la existencia modesta del refugiado con los padecimientos de salud que la perseguían y, sobre todo, con la calidez y entusiasta acogida de los escritores cubanos residentes en la ciudad, y, aún más, en 2017 recibe desde Salamanca el Premio Internacional de Poesía "Pilar Fernández Labrador", que su organizador el poeta peruano Alfredo Pérez Alencart, entusiasmado por la excelencia del texto, hace traducir algunos de sus poemas a quince idiomas y la vincula con numerosos críticos europeos.

Nuestra comunicación, nuestra amistad, no cesó. Cuando ya se encontraba muy grave, desde su casa, nos escribió a Aurora y a mí unas breves palabras de despedida. Unos días antes, Aurora, que nunca olvidó el día de su nacimiento, me recordaba cómo Lilliam se vanagloriaba de haber nacido el "Día de la Mujer Trabajadora".

Una cosa es segura: Lilliam Moro permanecerá entre las figuras mayores de la poesía cubana de todos los tiempos. Descanse en paz.

17/03/2020 - 10:42am (GMT-4)

DE ENA COLUMBIÉ

CONTRACORRIENTE, POEMARIO DE LILLIAM MORO PREMIADO EN SALAMANCA

Lilliam Moro nació en La Habana en 1946. Estudió en la Escuela de Letras de la Universidad de La Habana y perteneció al grupo de jóvenes escritores de las Ediciones El Puente, un proyecto literario creado a principios de la década de 1960 por el poeta José Mario Rodríguez, con el fin de brindar a los jóvenes escritores cubanos que tenían todas las puertas de publicación y promoción cerradas. El proyecto devino en un arma contra estos mismos intelectuales pues fueron acusados de la practica de penetración ideológica, asociación ilícita y la homosexualidad entre otros "flagelos sociales"; la mayoría fue atacada, hubo detenidos y muchos pasaron a formar parte de los campos de concentración de la UMAP; otros pocos lograron escapar saliendo del país, entre esos últimos se encontraba Lilliam Moro, quien ya se había destacado recibiendo un premio entre universidades con el libro El extranjero (1965). Publicó también críticas literarias y poemas sueltos en el periódico El Mundo, y en las revistas Unión, La Gaceta de Cuba, Bohemia y Casa de las Américas.

Moro se fue de Cuba a España en 1970, donde vivió durante 40 años y publicó los poemarios La cara de la guerra (Madrid, 1972), Poemas del 42 (Madrid, 1989), Cuaderno de La Habana (Madrid, 2005) y su novela En la boca del lobo (Madrid, 2004). En 2011 se trasladó a Miami donde publica Obra poética casi completa (Miami, 2013). En el año 2017 se alzó con el IV Premio Internacional de Poesía "Pilar Fernández Labrador", de Salamanca, con el poemario

Contracorriente, publicado por Ediciones Diputación de Salamanca, y que ha sido traducido íntegramente al portugués por el joven y talentoso poeta Leonam Cunha. En entrevista exclusiva para El Nuevo Herald[10] le preguntamos a la poeta:

¿Por qué Contracorriente? ¿no resulta redundante el título cuando tu obra y tu vida siempre han estado marcadas por ese concepto?

Precisamente por eso. Las vivencias de nuestra vida son redundantes la mayoría de las veces, al menos las importantes, las que pueden ser sinónimo de destino. Quizás el momento más delicado de un autor es el de bautizar con un título el libro que ha terminado de escribir o está en gestación, porque debe recoger la esencia del contenido. Un título puede deslucir el conjunto del texto, o puede ser una impronta de su esencia.

¿Crees en los concursos literarios, no has notado que en la mayoría de los casos los premios, merecidos o no, van hacia los cercanos al evento?

Creo que las generalizaciones, en cualquier área de la vida, pueden ser injustas. No se debe poner a todos los concursos bajo sospecha. Puede o no gustarnos un fallo una vez leído el libro premiado, o descalificarlo de antemano, sin conocerlo (sobre todo si se ha concursado y no se ha recibido el ansiado galardón; sería una reacción infantil pero comprensible dado lo irracional de las emociones humanas, sobre todo teniendo en cuenta que llevamos encima la herencia de Caín). Podemos pensar (la imaginación es

---

[10] Especial para el Nuevo Herald

libre) que a Jorge Luis Borges nunca se le concedió el Premio Nobel porque le resultaba antipático a la Academia, o, lo contrario, que se le dio a Bob Dylan por una amistad obviamente inexistente. Puede haber de todo, pero ante la duda hay que dar un voto de confianza.

Cuéntanos, Lilliam, ¿qué derivación tiene este premio para tu trabajo literario?

Para mi trabajo literario, ninguna, pero sí en el aspecto sentimental pues he recibido muchas sinceras felicitaciones, y en mi caso, más que un reforzamiento del ego ha suscitado en mí un inmenso agradecimiento por todos aquellos que me han demostrado la generosidad de sus sentimientos.

¿Si no hubieras obtenido este premio cambiaría tu literatura?

No. En general los premios que he recibido han sido muchísimo menos en comparación con mi participación en los concursos. De hecho, no había recibido aún este premio y ya había terminado otro poemario, El silencio y la furia, que saldrá publicado próximamente. En realidad, yo concurso sin expectativas para no sufrir un desengaño.

¿Le temes al silencio que rodea a un escritor, y a su obra, le temes al olvido, quieres ser recordada, cómo?

En un verso memorable, Isel Rivero menciona el afán de perpetuidad del ser humano cuando graba su nombre en la corteza de un árbol, y hemos visto que cuando eso no le basta, une su nombre al de la persona amada como un ritual mágico, incluso con un corazón añadido, lo que no deja de ser una expresión naïf encantadora, pero a la vez patética porque es una lucha contra el tiempo, contra la muerte, porque el olvido es una de las caras de la muerte. La historia de la literatura nos enseña que "un golpe de dados puede abolir el azar", como escribió Mallarmé. Pero ¿quién lanza los dados? Para muchísima gente el afán de perpetuidad está centrado en sus hijos; para menos, en su obra, sea de la naturaleza que sea. Por algo en la Astrología la Casa V engloba hijos y obras. A mí no me preocupa el futuro de mi memoria en los otros, sino la pérdida de mi propia memoria.

¿Tienes un universo imaginario donde no entra la realidad, o vives en esa última, sabiendo que es sólo la lectura del pasado inmediato?

Bueno, no sé exactamente qué es la realidad, porque la percepción de ella es diferente en cada persona, aunque existe un consenso generalizado que suele concebirla como el conjunto de los sucesos de la vida cotidiana dentro de un contexto cultural específico, formado por la historia, la geografía, las costumbres y un largo etcétera. No poseo ningún universo imaginario porque no creo en las utopías. Prefiero afirmar que trato de sobrevivir en esta realidad en la que no creo pero que la mayoría afirma que es la verdadera.

¿Por qué siempre presente Cuba en tu literatura, no crees que ya el pasado es más largo que la vida?

Después de vivir 47 años fuera de Cuba su presencia en mi literatura viene dada por imperativo categórico, no por nostalgia. Es por responsabilidad, por no ser cómplice de esa perversión moral, ética, histórica que está arrasando con el alma de un pueblo. ¿Qué menos podemos hacer?

¿Qué te ha sido más útil: el odio, los amigos, la tristeza, el amor, la soledad, la duda…?

Todas esas emociones que mencionas, más que útiles, han sido necesarias para llegar al sujeto que soy en este momento. Todo lo que has enumerado menos el odio. He tenido la suerte de no haber sentido nunca ni odio ni envidia; son sentimientos inútiles que deben cansar mucho. Ira, furia, impotencia, sí, pero me duran poco porque me resultan agotadoras, así que hay que darles una salida creativa.

¿Crees como Antonin Artaud que "¿Toda la escritura es una porquería" o crees en su utilidad, como la de la virtud?

La utilidad de la literatura y el arte suelen darse por añadidura, dado que son expresiones de energía. Pero no creo que ningún creador, al menos en la actualidad, se plantee a priori producir una obra con el propósito de cambiar el mundo, excepto si está imbuido de un afán mesiánico emparentado con la paranoia. La época del Manifiesto comunista de Marx no es esta; las ideologías han dejado de existir. Sin embargo, sigue teniendo vigencia una novela como *1984* de Orwell porque los totalitarismos se están reciclando actualmente con múltiples caras. Y un escritor debe ser un disidente, un revolucionario de la palabra, de la estética, del status quo, pero sin aspavientos, sin estridencias, sino a través de la belleza que pueda crear. No se trata de moralismos sino de alternativas. Los grandes intelectuales y artistas pueden permitirse, de vez en cuando, decir tonterías; eso no tiene mayor importancia; lo malo es dar por ciertas las tonterías dichas por otros. Hasta el comedido Jorge Luis Borges ha dicho algunas, y cómo no, Dalí, pero él era un genio "excesivo" por naturaleza. Si Artaud pensaba eso, ¿por qué creaba? ¿Es que era un comem...?

Te devuelvo la pregunta ya que esa es mi función aquí y ahora, ¿crees que Artaud era un comem...?

No, ni mucho menos; Artaud fue un buscador de la comunicación esencial, más allá de las limitaciones de la escritura. Su frase es una tontería escandalosa sacada de contexto, pero creo comprender lo que intentaba decir. No siempre funciona el consejo de Baltasar Gracián: "Lo bueno, si breve, dos veces bueno".

No Lilliam, la frase no ha sido sacada de contexto, encabeza un texto sobre teoría teatral, posiblemente el más fuerte dentro de su obra *Le pèse-nerfs (El pesa nervios)* escrito en 1925 y que dice entre otras cosas:

"Toda la escritura es una porquería"

Las personas que escapan de la ambigüedad para tratar de determinar algo de lo que ocurre en su pensamiento son unas puercas. Todo el circo de la literatura es puerco, especialmente en esta época. Todos los que esconden señales en el espíritu, quiero decir en alguna parte de la cabeza, en lugares bien localizados del cerebro, todos los que son dueños de sus expresiones, todos aquellos para quienes las palabras tienen sentido, para quienes existen alturas en el alma y corrientes en el pensamiento, aquellos que forman el espíritu de su época, con sus tareas precisas y su chirrido de autómata, son todos unos puercos.

Aquellos para quienes ciertas palabras tienen un sentido y un modo de ser, aquellos que son muy educados y piensan que hay clases en los sentimientos y discuten sobre un grado cualquiera de sus ridículas clasificaciones, los que creen todavía en el diccionario, aquellos que agitan ideologías que se han instalado en la época sin estar convencidos de nada, aquellos que hablan tan bien y están siempre al tanto de la moda, aquellos que aún creen en la orientación del espíritu, aquellos que siguen sendas marcadas, agitan nombres y hacen gritar a las páginas de los libros, ésos son los peores puercos.

¡Son arbitrarios, pusilánimes!...

¿Qué más podemos esperar literariamente, qué preparas?

Nunca hago planes, porque como bien dice una amiga mía: "la vida te va viviendo", y esa ha sido mi experiencia. Llevo algún tiempo escribiendo mis memorias de la década de 1960, el surgimiento del miedo, los años innombrables donde se implantó la perversión en Cuba, la muerte de la utopía. Y hace algunos años que ando concursando con una novela. Ya hace más de cuatro años que vivo en un futuro que se me dio de propina.[11]

---

[11] ENA COLUMBIÉ (Especial para el Nuevo Herald) http://www.elnuevoherald.com/vivir-mejor/artes letras/article194251794.html

DE LILLIAM MORO

SELECCIÓN DE JULIA PEÑA

ALICIA EN EL PAÍS DE LAS MARAVILLAS

Érase un cuerpo echado terriblemente hermoso. Érase
hablemos de los sudores y las sábanas sucias mañana
será un día dichoso.
Primero el vino. Brindemos
por el amor, por los amantes
y por nuestras caras de niños.
Mamá esperaba que regresara temprano
(fui al cine o al teatro)
—La mesa se ennegrecía ante la mirada amarilla
[de la abuela—.
Érase la dicha,
la delgadez exhausta, el hambre bajo el sol. Tu
cuerpo como un sol sangrante. A esta hora
pienso en ti. Mi hermano juega a ser mayor.
Mi madre prepara comidas calientes,
terriblemente sudorosas.
Pero yo estoy aquí. El lápiz, como un cuerpo,
me promete la esperanza. Hablábamos de ella.
La Esperanza.
No tenía nombre todavía
pero comía en nuestros platos como de la familia.
—La luz miserable de la playa se parecía
a los ojos de la abuela;
ella murió también, según me dicen—.

El cielo ha enceguecido. Tengo miedo.
¿Y si no podemos salir?
¿Y si la puerta está cerrada?

***

EL BALSERO

Cuando lo recogieron
era un cadáver más, boca arriba en la balsa,
con los ojos comidos por el sol,
los párpados abiertos que dejaron pasar
la última mirada interrogante
al cielo azul bellísimo, indolente.
Mirad el fondo de esas cuencas podridas:
ahí reposa la Historia con todos sus discursos.

***

UN DÍA COMO HOY, DAN GANAS
de pisotear el cielo
ante la magnitud de sus bondades.
Porque hay hombres que ejecutan sus dones,
que redactan sus leyes para que sea dichoso
y que velan por mí.
No quiero para mí tantas ventajas
porque un día podrá ser diferente.
Porque un día no seré el protegido
de los hombres armados que arremeten
contra los otros hombres,

de los que miran mi rostro de frente y de perfil,
los que agarran y entintan mi indefenso pulgar,
los que golpean sin piedad las dos mejillas
y me empujan impávido ante un muro
donde espero el disparo de gracia.

***

RECORDANDO A LA ISLA

A mi madre

Sobre los árboles
por las calles calientes y agitadas
los dioses africanos auscultan el destino de la ciudad.
Piensas, registras los rincones más escondidos
del recuerdo
—en La Habana todas las calles conducen al mar—.
No hay problema posible que ya no esté planteado
piensas, registras los bolsillos
consultas el horóscopo
la cara de la madre.
Recordar a la Isla es dejar un instante
la carta que estamos escribiendo
o soltar la cuchara indefensa sobre la mesa;
sobre los árboles
sobre las noches guardadas como un tesoro infantil
los dioses africanos reparten culpas,
oraciones.
Bajas por una calle
estás atrapado irremediablemente

por la muchedumbre
atrapado irremediablemente por la época.
El hallazgo de un pájaro
te parece un hecho milagroso,
una hoja verde aún te trae de golpe un álamo
o la ceiba hueca donde viven los dioses
donde acercaste tu voz de adolescente a pedir un deseo.
—En La Habana todas las calles conducen al mar—.
Pones tu disco preferido
das un beso
inventas un futuro distinto cada día.
Recordar a la Isla
es flotar en Madrid, en Londres, en Miami,
es un mantel manchado en una esquina
son las pobres comidas inventadas por tu difícil madre
—te compras el periódico—
las flores a la abuela
—tomas café con leche, recuerdas, imaginas—
un ídolo africano, tus zapatos
—revisas el buzón todos los días, tus deudas, tu
[paciencia—
es una casa llena de cucarachas
un pedazo de pan entristecido
—bajas las escaleras,
coges el METRO y te confundes—
una llamada por teléfono
—tropiezas con la gente
como queriendo echar sobre ellos
la pena que te sobra—
son unos ojos, unas fotografías irreales
—conversas con Velázquez

consultas el horóscopo—.
En el mundo todas las calles conducen a ninguna parte.
Los dioses africanos tiran los caracoles del futuro
hacen sus rotativas
distribuyen el aire, el fuego, la tristeza.
Recordar a la Isla
es un sol poderoso, un malecón interminable
largo como la Historia
y tú y yo de la mano inventando la vida.
Recordar a la Isla es vivir en Europa
es dormir en pensiones alquiladas
es tener mucho miedo
mucha prisa,
mucha distancia encima
y un avión que echa sombra sobre mi cuarto solitario
sobre el azul del mar.

MADRID, 1970

> *... siempre he confiado*
> *en la bondad de los desconocidos.*
> *(Tennesse Williams,*
> *Un tranvía llamado "Deseo")*

Al día siguiente de llegar
a la ciudad de los desconocidos
entré en un bar
y mientras disfrutaba un café diferente
vi mi rostro y los de los demás
en el espejo de la barra:
muchas miradas me rodeaban,
eran como sonrisas,
amables gestos de bienvenida prolongados.
Cuando aquella primavera anduve la ciudad
y caminé por sus calles ordenadas y limpias
mientras un aire ligeramente frío
susurraba en mi rostro,
de pronto presentí lo que llamaban el futuro.
Me dio gusto cruzarme con personas sin nombre,
saber que únicamente mi propia sombra me seguía;
cuántos vocablos nuevos que aprender
dentro del mismo idioma compartido,
otras costumbres que adquirir
y unos labios distintos para distintos besos.
Todo estaba al alcance de mis manos,
al menos eso parecía
hace hoy cuarenta y cinco años y ocho meses
de aquel presentimiento de futuro.
(Lo que vino después es otra historia).

CONTRA LA HISTORIA

No me da miedo tu mayúscula
ni esas ínfulas que tienes de Absoluto.
Tus veredictos para mí no existen;
hace ya mucho tiempo que te bajé del altarcito
donde te rinden culto
los que han hecho de ti su nueva religión.
Allá en mi infancia
los adultos te mencionaban con toda reverencia
y quise conocerte
pero nadie supo decirme dónde estabas,
mientras más me trataban de explicar, más te perdía,
así que imaginé que eras un libro enorme
que no cabía entre mis manos
y por lo tanto en ningún sitio.
Cuando crecí me convencieron
de que nosotros éramos la Historia,
traté de entrar en ti
pero no te encontraba
porque seguías sin caber en mis manos.
Sin saber dónde estabas, llegué a vivir en ti
como lo hacía mi vecina la sorda,
el policía bruto de la esquina,
mi madre loca
y hasta mi gato blanco
que se perdió una noche de ciclón.
Esa es la Historia que encuentro en todas partes,
aquella que nadie tiene en cuenta,
la del temblor que a veces, sin testigos,

nos da la vuelta al alma como a un mojado calcetín,
o que a mi alrededor el mundo se hace trizas
y hay quien llora sin que nadie lo escuche.
Pero esto te lo callas,
no lo mencionas en tus falsarias páginas
porque la verdadera Historia,
esa que todavía no cabe entre mis manos,
la está escribiendo Dios.

EL POETA MUERTO

Para Amando Fernández,
in memoriam

I

Yo no estuve a tu lado para morir contigo,
ni tan siquiera para coger tu mano
impregnándote en ella el suave tacto del amor.
Todo tenía que consumarse como estaba previsto:
que marchases deshecho,
aterido con el horror de los últimos meses:
la luz y las tinieblas las llevabas contigo
y eso era más que suficiente.
Desde entonces
siento tus ojos melancólicos como testigos compasivos
porque quizás donde ahora estés
no se pregunta y sobran las respuestas:
la comprensión debe ser
algo así como tus ojos melancólicos.
Solo nos une ahora este silencio hecho de conjeturas,
la convicción de que en la vida siempre llegamos tarde,
y aceptar, con la conformidad que nos da la derrota,
que nunca se tiene una segunda oportunidad
cuando se necesita.

II

Aún conservo tu rostro en una vieja foto,
y la miro intentando reconocer quien fuiste.
Sin que apenas lo note
tu voz en mi memoria es un susurro
que ya casi no escucho.
Quiero encontrar el roce de tus dedos
sobre las páginas de algún libro querido
para pasar mi mano sobre el tacto que fue.
Sombra de hoy
cada día te pierdes más dentro de mí
y releo tus versos para encontrar el hálito esencial
que sobrepasa la memoria,
el alma que quizás me acompañe y yo no veo.
Sombra de hoy
y mientras tanto
esta pausa llamada la vida cotidiana.

EL MONJE COPISTA

Tengo el vicio secreto de conversarme adentro
con un lenguaje exento de figuras retóricas.
No importa en qué momento, sola o acompañada,
con tanta perfección que nadie se da cuenta
pues me hablo con naturalidad
pero sin emitir aquello que me sé.
Incluso a veces escribo con el dedo
cualquier palabra clave sobre una piel desnuda
en medio de la noche entre frases de amor.
Es que me dan alergia
los sensatos de buena voluntad,
los prácticos consejos que siempre llegan tarde,
el aprecio y la mirada comprensiva
del que pretende que me le parezca.
Estoy acostumbrada a disfrutar
del vértigo de andar sobre la cuerda floja
pero sin patetismo ni ridículas frases
o cursis conclusiones. Prefiero
vomitar mis resacas sin palabras, sin ruido.
Escribo frases invisibles que solo yo puedo leer.
Grito, pero nada se escucha.
Me voy perfeccionando en el silencio.

EL DIFERENTE

Siempre hay una bofetada detenida en el aire
destinada a mi rostro,
un insulto, una burla en el mejor de los casos,
la risa hiriente.
A veces me perdonan la vida
si me estoy calladito, soy discreto
y no hacen ruido mis pisadas.
Yo soy el perseguido a través de los siglos
solo por ser yo mismo.
No tuve más remedio que vivir
en el margen del margen de la vida.
Si llega lo peor de lo peor
tiemblo, me escondo, disimulo,
intento huir
aunque me dan alcance casi siempre.
Me torturan y grito,
lloro, suplico, les imploro clemencia.
Me insultan, me denigran,
van arrancándome la vida
pedazo por pedazo
pero no tengo miedo.
Ellos son los que tiemblan
porque soy diferente.

DESAFÍO DEL LUGAR COMÚN

Por fin no tengo que preparar la cena
ni recordarte las más mínimas cosas
que tenías el vicio de olvidar;
ya no te doy esos inútiles consejos,
tanta palabrería
para que luego hicieras tu realísima gana;
tampoco tengo que aguantar
tus expresiones de angustia o de rabieta:
lo insoportable que a veces resultabas.
Pero no logro sacarte de mi alma,
te llevo impregnada entre mis vísceras
aunque las sábanas ya no tienen tu olor
pero yo sí lo guardo entre mi piel
y abrazo tu sudor y tu melancolía
tu entrega de película
el dulce acento de ese norte asturiano
donde nunca viviste.
Qué le vamos a hacer,
al corazón hay que llamarlo corazón,
no hay un sinónimo, aunque sí una metáfora:
esa casa hecha ruinas que se mantiene en pie
porque la habita tu rostro en las paredes;
y al dolor hay que buscarle un símil:
como una espina en la planta del pie
que se me clava más cuando camino
desde que te marchaste.

RESQUICIOS

Esas ranuras intermedias
entre los espacios de la mañana y de la tarde,
los de la extensa franja horaria de la noche
no se toman en cuenta
como si los sucesos que realmente importan
no ocurrieran en esos estrechos pasadizos
donde se escurre
esto que somos o que creemos ser
con cierta ingenua certidumbre.
nos perdemos innumerables veces
por los resquicios que apenas se perciben
en veinticuatro horas,
donde un relámpago de luz
deshace de pronto los espacios
y nos quedamos atrapados en una curva de la vida.

LOS FIELES DIFUNTOS

> *... su paso de acordeón, su palabrota...*
> *César Vallejo*

Pasan,
se esfuman de la escena
y sólo dejan flotando en la memoria
los más escuetos rasgos,
boceto de una cara de frente o de perfil,
los asuntos pendientes,
algunas frases fuera de contexto
y los tristes zapatos que anduvieron
el paso tan fugaz del día a día.
De pronto un golpetazo terminó la rutina,
una brusca manera de estropearles la tarde
los lanzó al otro lado.
Nosotros, los de acá,
sólo atinamos a decir
unas cuantas bobadas.
Hasta que suenen en la puerta,
en nuestra puerta,
esos toques que nadie más escucha.

EL VERBO NO CREADO

Ay de los que vivimos conjugando ese verbo
que a Dios se le olvidó pronunciar en medio de su euforia
al separar el caos de la luz;
ay de los que tratamos de llenar
ese espacio sin nombre,
de articular el vocablo absoluto
que se llevó consigo a la inmortalidad
—porque nos diste la palabra y también la soberbia—
y nos quedamos como una anotación al margen,
reescribiendo una frase tenazmente incompleta
por más que se desboquen las palabras,
que pugnen entre ellas
por salir de una víscera escondida
donde conviven la mansedumbre y lo terrible.
un verbo redentor que tire de nosotros
sacándonos del fango del destierro
que inventamos un día y para siempre
movidos por esa vocación a la infelicidad.
nadie nos expulsó: escogimos la culpa
porque de las herencias no somos responsables.
Y mientras tanto
conjugamos erráticas acciones
que discurren por sinuosos caminos
en busca de ese verbo que Dios no pronunció.

II

Llamo al Ángel
que está al principio y al final de todas las
[preguntas
y cuando intento pronunciar su nombre
se pierde en el viento que me lleva y me trae
como un gigante torpe
que agita sus manos contra el cielo.
Ángel que estás más allá del infierno del tiempo,
que vas colocando las cosas en su sitio:
ordena las palabras que no llegué a decir,
dale un sentido a las densas tardes de domingo
que nos anuncian los detestables lunes
cuando recomenzamos el odioso ritual
de la sobrevivencia,
los trabajos inútiles que sumaron la vida,
la impaciencia como forma de actuar,
la perversa esperanza.
Tantas cosas.
Hoy por hoy me pesa la memoria:
déjame convivir en paz con los recuerdos
ese montón de nimiedades que se niega a morir
y que perdura hasta el final de los finales.
¿Pero de qué final estoy hablando?
¿Quién puede asegurarnos que hay un término
y no un perseverar enloquecido en otra dimensión
donde continuaremos arrastrando
las miserables pretensiones
que nos trajeron hasta aquí,
a esta pausa engañosa que llamamos la vida?

DE ALEIDA LLIRALDI

LEYENDO A LILLIAM

Confieso sin ningún sonrojo, que hace solo pocos años conocí la obra poética de Lilliam Moro. Un día de tantos, caminando por Coral Gables, entré a la emblemática librería Altamira, en busca de buena poesía y de poetas que residieran en Miami.

Una joven delgada y de voz muy suave que atendía el mostrador me indicó solícita varios títulos, pero me recomendó especialmente uno, *Obra poética casi completa* (1963-2013), su autora se nombraba Lilliam Moro.

Fue tal su breve pero sólido argumento, que de inmediato el poemario pasó a mis manos. Un tiempo después, supe que aquella desgarbada muchacha se llamaba Legna Rodríguez Iglesias y siempre le he agradecido su recomendación.

Así, entró en mi mundo poético una mujer a quien me propuse conocer en carne y hueso desde que leí su primer poema.

> *Yo una vez tuve un país,*
> *y creí que tenía un universo.*
> *El resto del mundo solo me*
> *parecía un conjunto de nombres*
> *exóticos,   Me sentía privilegiada*
> *por ser de donde era.*
> *Hoy puedo vivir en cualquier sitio.*

Esa habanera me conmovió, y me hizo sabe por qué, siendo muy joven, comenzó a transitar con paso firme el tortuoso camino de la poesía con una transparencia tan definida, tan ajena a la retórica que era difícil no rendirse a su lírica una vez explorado su mundo.

La sencilla normalidad de decir lo más complicado sin regodeos ni giros altisonantes, ese sostener lo más trivial con una connotación y fuerza muy lejos de lo insustancial, su equilibrio entre armonía y pasión fue lo que más me cautivó de su poesía, y más aún, esos finales como vibratos, ondulaciones de sonido semejantes al resultado natural de una voz.

Así la percibo en su Elegía de Madrid:
Si el idioma resulta insuficiente
porque tanto dolor ha superado el diccionario,
y la prosa es tan torpe, tan sumamente torpe,
hay que aceptar humildemente
que hemos perdido las palabras.
Porque lo que ha ocurrido
es una inmensa errata
que Dios no corrigió.

Los comienzos, "sus precoces pecados poéticos" como ella denominó las primeras incursiones en el mundo de la lírica, el paso por la Facultad de Letras de la Universidad de La Habana, su integración desde muy joven a las Ediciones El Puente y cuarenta años de vida en España y después en Estados Unidos, matizaron su obra de una conciencia universal y le otorgaron colores tan legítimos como ese mesurado dolor en que el amor gana la partida.

No pasó mucho tiempo en conocerla, en esa misma librería Altamira, durante la presentación de un poemario tuve el gusto de escucharla expresar novedosos conceptos sobre poesía, con ese tremendo calibre con que nombraba las cosas.

Su voz y su sencillez me emocionaron, pero sobre todo su discurso dotado de una natural serenidad que dejaba ver una mujer tierna y fuerte a la vez. Después de ese, hubo otros encuentros y tuve la ocasión de conversar con ella varias veces y de obsequiarle un libro mío en la tertulia La otra esquina de las palabras.

Su descubrimiento fue para mí una señal, pues en esa diminuta mujer se reunían el talento, la modestia, el amor al prójimo y el apego incondicional a Cuba, todos nimbados por una espiritualidad natural.

Ella, a lo largo de su obra muchas veces regresaba al pasado y desnudaba los recuerdos con la más íntima de las memorias.

LA TÍA ELOÍSA

Tú no tuviste nunca
una tarde perdida porque sí.
Para ti se inventaron el silbato tajante de la fábrica
la calle al mediodía, el sol y la sombrilla.
Tu verdad eras tú en el momento de forrar una caja
para los grandes almacenes
sobreviviendo entre cartones y viejas humilladas.

Conocerla personalmente significó para mí el ejemplo de lo más exacto a un creador genuino, quién sin apartarse del rigor estético, de lo fantástico, lo onírico, lo lúdico y en ocasiones el humor, tampoco dejó a un lado la humildad, la llaneza y esa curiosidad enorme por los detalles más simples de la vida. La suavidad de su voz era como una canción, como su poesía.

Así fui conociendo un poco su obra, indagando, nutriéndome de sus reflexiones en *Poemas del 42* o *Cuaderno de La Habana,* y supe de su primer reconocimiento internacional con *Contracorriente,* que le llegó mediante el Premio Internacional de Poesía "Pilar Fernández Labrador"

EN MEMORIA DE EllOS

Los poetas poetas
mueren en vida o se suicidan
o se entregan al virus de las tres
iniciales
o abren las puertas al cangrejo que
camina de lado
y los devora eternamente como si fuera un gran amor.
Los poetas poetas,
los que desprecian las certezas,
los aguafiestas, los que visten tan mal,
son los que eligen arder como en la alquimia
para crear los mundos imposibles
que sustituyan la sonrisa forzada,
la mediocre metáfora,
el premiecito que los compra,
la otra mejilla puesta para la bofetada
del que administra las medallas y el hambre.
Los poetas poetas se arriesgan al olvido,
la peor de las muertes.

Este poema fue traducido a quince idiomas y es una fehaciente muestra no solo de la madurez de su obra sino de sus maravillosos dones como ser humano. El poemario posee la singularidad del agradecimiento a su cardiólogo el Doctor César

Mendoza Trauco, a quien ella escribe: que como hacedor de Dios me trajo de vuelta a la vida contra todo pronóstico, dándome la oportunidad de escribir esta obra titulada, a propósito, *Contracorriente*.

Al igual que Lilliam tuvo una segunda vida, ella en sus poemas muchas veces parecía adentrarse en otras, pero sin el falso realismo de que todo puede describirse exactamente como es sino con ese impulso de ponernos a pensar, así lo apreciamos en su composición poética, "Gastón Baquero y su rosa de Villalba"

Pasado el desconcierto inicial, el titubeo,
el adaptarse a los olores nuevos,
al silbato del Metro,
tenemos que levantarnos:
todo a partir de ahora será inédito
excepto el pasaporte
y el acento que nunca perderemos.

Este es un libro de una madurez extraordinaria, plagado de vivencias, que como toda su obra carece de ese patetismo o grandilocuencia y abunda en elementos existenciales, ausente de artificios, con poemas más definidos en contar una historia.

Lilliam, con su última frase " me voy perfeccionando en el silencio", extraída de su texto "El monje copista", incluido en *Contracorriente*, nos deja con ese magistral impacto que convoca a leer sin pausa su siguiente poemario, *El silencio y la furia*. El poeta cubano Luis de La Paz, autor de su prólogo lo introduce con dos de sus versos:

La palabra es humana.
El silencio es del ángel

Y más, califica esta obra de sobrecogedora, y yo lo suscribo. Para hablar en términos informales, este es un poemario redondo, no lo dice una especialista en el género ni una purista de la palabra, lo dice un ser humano con algo de sensibilidad. Así está escrito, pensado y madurado, con esa exquisitez fluida y generada por una mano derramando ambrosía.

Nada sobra ni falta en este breve texto, abarcador de casi todos los ingredientes que componen el género humano, hermanado por el silencio y la furia, conceptos ambos, nacidos del misterio que no todos pueden describir.

XlV

Ángel ensimismado, despierta de una vez,
no te contactes con los hombres
que caen bajo el soporte de la conformidad,
los del cuello torcido de tanto mirar para otro lado.

El silencio no es la ausencia de voz,
es la verdad que no quiere expresarse
en ningún idioma conocido
para no ser tergiversada
ni traducida hasta la incomprensión.
Hablamos demasiado pero solo es un ruido
como una válvula de escape para no reventar.
La palabra es humana.
El silencio es del ángel.

La poesía de Lilliam Moro es un río de cauce definido con metáforas como saetas que siempre saben adónde van. Toda su obra así lo confirma y también su último poemario, *Ese olor a después*, el cual no es un texto de despedida, mucho menos un adiós ni un "verso inacabado" sino ese ver "en la muerte una vida vivida" como reza en el exergo inicial de Borges.

En este libro retoma los homenajes a figuras emblemáticas del arte universal y también a momentos esenciales. Es, a veces, una conversación consigo misma, y otras un diálogo estremecedor, íntimo, que contiene el reflejo de una vida y de muchas a la vez, es un poco la orfandad de un mundo que se desmorona, es la serenidad, la aceptación, el amor, la fe y el ritmo, porque en él hay música, es como ese bolero o ese Nocturno que nos hace llorar a escondidas.

Lilliam nos deja la palabra, y en mi caso, también la cólera de lo inesperado cuando tanto tenía por hacer todavía, nos deja su fuerza y la confianza de que su obra es el mejor de los testamentos, tan bello e indestructible como su recuerdo.

DE JOAQUÍN GÁLVEZ

Crear en Salamanca se complace en publicar el texto de presentación del nuevo poemario de la poeta cubano–española Lilliam Moro.

La poeta cubana Lilliam Moro ha realizado una obra poética en el exilio que se desmarca de tendencias o modas estéticas, incluidas las gremiales y generacionales, tales como las que se manifestaron en su país natal, Cuba, durante las décadas del 60 y 70. La poesía de Lilliam Moro representa ese eterno retorno a los orígenes, en los que la palabra vuelve a su matriz, para recobrar su sentido y significado; pero también para refrendarnos que los eternos problemas del hombre no pierden vigencia y que la voz del poeta los renueva y les otorga nuevamente un carácter novedoso. En su poemario *El silencio y la furia* (Editorial Ultramar, 2018), Moro reafirma su personalidad poética: la palabra vuelve a estar emparentada con el pensamiento, hasta ser realzada por su talante filosófico, para así indagar en los intersticios del acontecer humano.

Este libro se inicia con un poema coral que invoca a los ángeles y que tiene como punto de partida referencial *Las elegías de Duino*, de Rilke, acaso para recordarnos que, en la orfandad humana, incluso en las de las buenas intenciones, "Todo ángel es terrible", como lo consignan los versos del primer poema: "tengo silencios atravesados en mi garganta / y cuando los grito / se los lleva el viento feroz de la borrasca". Estos versos resuelven la aparente antinomia que desde su título anuncia este libro, pues demuestran la correlación silencio-furia en este clamor humano a los ángeles por donde transitan la furia silenciada y el silencio enfurecido, o a decir de la poeta: "ese ruido del alma: es el rugir de la existencia".

La poeta pone al lector de cara al lado oculto de la existencia, muchas veces edulcorado por "los vendedores de sueños". A diferencia de Machado que esperaba "hacia la luz y hacia la vida otro milagro de la primavera", Moro abre el telón de ese teatro que es la vida, para hablarnos de "la perversa esperanza" mientras atisba "otra verdad escondida entrelíneas": "La posteridad ha pasado de moda: / aquí ahora, hoy, es el futuro // Todo cielo es inútil". La poeta retoma el tiempo circular de los presocráticos, es decir, ese eterno retorno donde se manifiestan los avatares de la existencia y la naturaleza humana. En versos que pueden entroncar axiomáticamente con el Eliot de *Cuatro cuartetos* nos dice: "… no hay rectificación sino olvido, / no hay descanso sino el mismo camino".

Uno de los poemas que mejor representa la poética de Lilliam Moro en este libro es el titulado "Instantánea". La poeta tiene esa capacidad perceptiva que le permite captar la imagen poética a partir de la inmediatez de su vivencia, para luego pasarla con acusada agudeza por el tamiz de la reflexión. Este es el libro de las eternas pérdidas del hombre, como la inocencia y las ilusiones; sin embargo, la manifiesta caída humana plasmada en estos versos no impide que aflore un humanismo esencial en el que se exalta lo marginal o humanamente imperfecto, incluso mostrando una inusitada humildad que supera el ego poético, como lo revelan estos versos: "En el momento de escribir estas palabras está muriendo un ser desconocido sin tumba personal ni lápida ni flores. No es que fuera un ser importante, simplemente era alguien, ni más ni menos que un pequeño universo" …Como este poema que me ha quedado medianamente bien".

La voz de Lilliam Moro, pese a que lleva la impronta de la tragedia humana, nunca pierde la ecuanimidad, ni permite que la emoción gobierne su escritura poética; no obstante, estos poemas tienen también la virtud de conmovernos, pues como diría Unamuno: "saben sentir el pensamiento y pensar el sentimiento". El decir poético de *El silencio y la furia* está signado por una sabiduría estoica en la que el dolor se transmuta en palabra que logra dar en la diana de los hechos, como lo ejemplifican poemas que abordan temas sensibles como el paso del tiempo en el individuo, las relaciones humanas y el amor.

Como ya lo había demostrado en su poemario anterior, *Contracorriente*, obra que le valió el Premio Internacional de Poesía "Pilar Fernández Labrador" (Salamanca, 2017), esta nueva entrega de Lilliam Moro vuelve a reafirmar su credo poético, el cual honra el significado y sentido de la palabra y que, además, se caracteriza por la limpieza y precisión del lenguaje. Moro pertenece a ese linaje de poetas que logra custodiar el tiempo que le toca a la vez que lo trasciende con la atemporalidad de su obra al margen de toda épica y estética de turno.

DE YANKILÉ HIDALGO

LILLIAM MORO, LA POETA-POETA

¿Cuántas Lilliam Moro encontramos cuando leemos a esta poeta cubana? Bajo su nombre se encuadran las más disímiles facultades de amar, de palpar lo intangible, de existir. Personalmente no conocí a Liliam y no fue por falta de coincidencias de índole cultural, de idiosincrasia, ni siquiera porque no hayamos tenido en común amigos, paisanos, casi todos poetas, sino que la vida nos llevó a diferentes latitudes. Sin embargo, la contemporaneidad con las redes sociales ha permitido mi acercamiento a su obra y tuvimos alguna que otra conversación cuando le pedí un vídeo suyo para el canal que administro: Oráculo del poeta en *Youtube*. Me envió el video excusándose por lo tardío que lo mandaba y porque había sido el mismo que tuvo que enviar para otro canal que administra y distribuye el también poeta cubano Juan Carlos Recio. "Estoy pasando unos momentos difíciles de salud…mi momento no es óptimo…son momentos muy difíciles para mí", leo con dolor en la última conversación que sostuvimos por "Messenger".

He leído de ella los poemas que revistas especializadas en poesía nos ofrecen como parte de su obra, y aunque sé que es una pequeñez ante la inmensidad de su obra, no dejan de brindarme una visión poco esquiva de su talante. Por lo tanto, todo lo que de ella puedo escribir en este texto se ve enmarcado en ese retazo antes mencionado.

¿Cuántas Lilliam Moro conocemos los seguidores de su poesía? Con esta pregunta comienzo mis letras que me gustaría sean tratadas con toda la informalidad y bajo la admiración que siento por esta poeta tan cubana como yo y que la visión de una Cuba libre pasa de ser una añoranza a un gran pedido en grito de anhelo y hasta a veces de extrañamiento por causa del dolor que nos provoca el tema. Dejo claro que este no es un texto académico con tintes analíticos de su obra, más bien es el hurgar en sus escritos para encontrar a muchas Liliam Moro que vamos siempre a recordar. Es un sencillo homenaje sin la pomposidad que tal vez pueda esperarse.

Esta es la primera Lilliam encontrada, quien se adhiere a su existencia y quien con su poesía logra mirarse hacia adentro. ¿Cómo evadir las manchas sobrantes de un sistema del que se quiere huir porque carcome la piel y nuestros anhelos más profundos? En sus versos he encontrado al respecto lo siguiente: "Los ojos casi duelen/buscando una señal que no aparece nunca", "La rosa de los vientos/ solo nos ha servido para desorientarnos". Esa Cuba lejana, no tanto por las millas que separaban a la Isla de la escritora, sino por ese distanciamiento involuntario que nos obligan a mantener con "ella" los que hemos decidido buscar nuestras vidas en otras sendas literalmente opuestas. Cierro esta primera Lilliam con un verso suyo: "Todos hemos perdido algún país".

La segunda Lilliam percibida es la hacedora de palabras desde el silencio. Desde allí resuena su voz límpida, su voz que ondea por sobre todos los mares. Su voz compacta que estremece y emerge para aliviarnos de nuestras soledades y cito: "hay un verso único/ inencontrable/ al que solo la furia luminosa puede tener acceso: un destello que ciegue, /que contenga el misterio/ y que nos corte la respiración". Pareciera que hubiese tenido la voz de mando, el verso preciso para la idea perfecta.

Lilliam aparece en los andares de una Habana a la que le han vetado los primores, una Habana desvencijada que mira el paso de los años desde su propio espejo avejentado y de quien nadie se ha preocupado por emperifollar o al menos darle una tajada de respiro que le permita no derrumbarse, como sus habitantes, ante la hostilidad. Creo que es precisamente esta fase de la poeta con la que más me identifico. De su ciudad se expresa en su poema La Habana: "ciudad de socavones como desgarraduras/ de un alma que no sana, / que no puede cerrar su herida, su desastre, cada día aumentado como un remordimiento". La Habana le duele, su ciudad se le antoja como un amor que no sana, un amor que desgarra. Es un recuerdo que hiere.

Lilliam Moro espiritual, poéticamente espiritual es quien trasciende en una especie de luz ante su inmortalidad y ella lo sabe, aunque prefiere tomarlo con la humildad que la caracteriza. Hay similitud entre la poeta, el Yo poético y su mirada ante Dios o el Señor, tal y como ella le llama en su poema titulado: Acción de gracias. Agradece a la vida y con ella a su fe, a su acercamiento a lo divino: "Gracias por no sentir vergüenza/ de pronunciar tu nombre"- agradece a ese Dios que sabe que está ahí, que la escucha y que no tenga reparo en mencionarlo.

Lilliam Moro, la poeta- poeta, tal y como les llama "En memoria de ellos", a esos que no se venden por un premio, a los poetas verdaderos, sigue aquí "para crear mundos imposibles", y aunque afirma que los poetas de verdad "mueren en vida o se suicidan", también se aferra a la idea de que "se arriesgan al olvido, la peor de las muertes". A ella le decimos y recalcamos que la única palabra que no cabe en este cantar a su vida es la palabra olvido. Son muchas las Lilliam y aunque no las he mencionado todas, todas las que menciono, son Liliam.

A LILLIAM MORO POR EL MES DE MARZO

¿Quién escribirá ahora a los que llegan
o no en balsas,
quién a los poetas que resuenan solos
en sus aposentos cargados de soledades?
¿Por cuál mar estarás navegando para andar así
por los versos de cualquier poeta, dueña acaparadora
de un pedazo de tierra, de la patria entera?
¿En qué alegoría te convertirás cada vez que llegue marzo
y no haya quién se quede,
quién arrope la vida, la muerte
para que no partas?
¿Quién hará justicia con versos
por aquellos niños ahogados un 13 de agosto
del 94?
Todos "los marzos" te pertenecen
y el olvido no llega,
 al menos no para ti,
que amaneces, escribes, amaneces.

DE MARÍA CRISTINA FERNÁNDEZ

LILLIAM MORO, EL CORDERO DE DIOS
Y EL PLATO DE SOPA

Corría el año 2014 cuando inesperadamente recibo una llamada de alguien que con voz enronquecida se identifica: "hola, te habla Lilliam Moro". Pidió disculpas porque esa no era su voz; explicó someramente que acababa de regresar de un viaje al otro mundo, y que, en medio de ese coma e intubación, su laringe fue afectada. Yo, que no conocía más que su voz poética, contenida en una antología que la Editorial Silueta recién había publicado, no podía darme cuenta del cambio. Quería agradecerme por la reseña, pero más que nada quería iniciar una amistad. Yo quería decirle, pero me contuve: "si has leído lo que escribí, sabes que soy yo quien da las gracias".

Lean ustedes lo que escribí entonces: "Lilliam, el cordero de Dios y el plato de sopa", y entenderán por qué: "Leídos están los poemas —los salvados por voluntad propia o por manos amigas— de una mujer llamada Lilliam Moro. Resuenan algunos en mi cabeza, tocadiscos donde pasan los vinilos donde grabó su voz que no conozco, pero está en el papel, en ese compendio de libros que se hizo llamar Obra Poética casi Completa. Sé que los puedo hacer sonar una y otra vez, como ella haría con el disco de Bessie Smith, esos versos más elocuentes que cien manuales de historia o sociopolítica: "Pastores y aleluyas, / calles sucias y blancos, / idiosincrasia del oeste/ sur que se resquebraja entre sermones/ pasteles de cereza/ orgullo de franceses olvidados/ pasos de contradanza;/ un norte democrático, industrial, / dueños del mundo de antemano, por pura vocación". Salta de estos versos la palabra vocación, que es lo que demanda de aquel que persevera en el ejercicio, o sacrificio, de la poesía, contra el viento de la Historia y sus avatares.

Quiso la Historia, por ejemplo, que de su poemario "El extranjero", premiado por importantes académicos en un concurso universitario en Cuba, no se salvara sino un poema: "Charles Baudelaire". En esta muestra sobreviviente basta un verso elíptico para sopesar por dónde andaba esta veinteañera que hollaba en las zonas emocionales del desasosiego con pasmosa contención: "música horror fiereza el alma en una soga". En breve a esta muchacha, acogida cálidamente por esa familia espiritual que formó el grupo llamado El Puente, la esperaba el cumplimiento de su profecía ingenua al tratar de marchar a ese gran desconocido que en Cuba se llama "el extranjero", cuando en 1968 entró en la categoría de "no persona" por presentar su petición de salida del país. Vendrían años de exilio, de publicar poco y a grandes intervalos, de extrañar el país natal, de no extrañarlo. ¿Qué gracia tiene entonces empeñarse en la poesía si al poeta lo cercan la fatalidad o el olvido de sus semejantes? "Al final fuimos perseguidos, señalados, delatados, / nos acusaron de traidores/ de vendepatrias/ de homosexuales. El destino de Moro no fue escribir los grandes poemas de la teleología insular, como "La Isla en peso" de Virgilio Piñera, por ejemplo, pero sí una sentencia que define acertadamente ese lugar de donde somos: "Una isla es una porción de tierra/ rodeada de paranoia por todas partes".

La Isla es inspiración recurrente en varios de sus libros; se funde con su historia personal, amorosa, con sus elecciones literarias. Algunos de sus poemas deslumbran por su tesitura, como ese titulado "Los muertos hablan de Trinidad", que nos pone en contacto con el mundo fundacional africano, y que por su intensidad es comparable con ese otro donde señorea Bessie Smith: " Sobre la tierra humedecida/ los pies se hunden lentamente/

los tambores siguen sonando por el aire/ y el chasquido del látigo se compagina perfectamente/ con el susurro de los álamos/ y el traqueteo discreto de las carretillas/ sobre el adoquinado de las calles de Trinidad. "Qué hay en ese mundo musical, telúrico, que seduce a la poeta? ¿Será esa porción de transparencia del que el mundo "civilizado" blanco muchas veces adolece? Ese mundo que profesa lo que Erich Fromm llama "la religión industrial" está bien expuesto por Moro en el poema "El privilegio de la época": "El privilegio de ser hombre/ a finales del siglo XX/ es el privilegio de tener un coche, / un frigorífico, una lavadora, / un lavaplatos y el suelo de parquet;/ el privilegio de llegar a la casa/ y sentarse ante el cine doméstico de la televisión. / Es el privilegio de prevenirse contra la lluvia/ contra el frío, contra el calor/ casi contra la muerte…" Gran ironía todo esto que lo privilegia si el hombre está solo en medio de todas sus construcciones, sin nadie con quien compartir "un vaso de agua, un paisaje hermoso/ una tristeza".

La poesía de Lilliam Moro actúa como un dique contra la demencia humana: "Qué ruidoso es el hombre, Señor desde que nace/ su tumultuoso ir y venir / su compra y venta/y hasta el amor/ con el mismo sonido de infatigable furia". Llega a ser a veces una fusta capaz de desintegrar los ilusos moldes del ego: "No tengas nunca un hijo:/ ¿cómo vas a dar vida a alguien/ si aún no sabes que harás con la tuya? / No plantes un árbol;/ hipócrita atenuente/ si no has movido un dedo/ para evitar la extinción de los bosques. / No escribas un libro;/ ¿qué coño vas a decir/ si formas parte de la mayoría silenciosa?"

En el poema "La Luz que aguarda" Lilliam habla de una luz redentora que la mente deja escapar "porque no sabe manejar el misterio", y también nos revela que "El Cordero de Dios o la Belleza/ yace a los pies de cada uno/ esperando". ¿Es esta promesa la que hace que el poeta se sobreponga a los golpes, la trashumancia, al conocimiento de que algo anda mal en un mundo que desoye la voz de la generosidad, del coexistir en paz; un mundo herido de muerte por las torpezas humanas? ¿Es por ello también que pudo Lilliam Moro sobrevivir a la certidumbre que encontró bajo el cielo de Ávila una tarde de frío, cuando supo que "la tarde, el café, las palabras palabras/ ya no bastan amiga, para seguir viviendo/ como si no pasara nada?" ¿O será que hay algo más que supere a la poesía, otra panacea que no pertenezca a los predios de la mística o del arte? Me respondo a través del poema "Ana Magdalena Bach", que no por gusto pertenece a su libro Tabla de Salvación. En el poema, la mujer lleva la cena hasta la habitación donde el músico está componiendo. No hace ruido, no quiere interrumpir "la celestial inspiración". "Lo imagina llenando el pentagrama/ dirigido por la mano de un ángel. / No se atreve a llamar. / Coloca, silenciosa, la bandeja en el suelo. / Ignora, en su inocencia, / que a veces Dios está/ en la sopa caliente que se ofrece/ al otro lado de la puerta." Cuando el músico lleve a sus labios ese plato de sopa que lo confortará y traerá de vuelta a lo terreno, ¿intuirá que la existencia de lo sublime no sería posible si alguien no dejara frente a su puerta este alimento hecho con bondad?

¿Qué sería de nosotros si Lilliam Moro, con esas manos "que poco han aprendido a retener/ en tantos años", no nos dejara frente a nuestra puerta esta obra poética casi completa, para confortarnos en la hondura de las noches, en la soledad del día? ¿Cómo agradecerle que se haya sobrepuesto a tantos eventos, que no corroboraremos más que con su decir: sus "pequeñas desgracias, varios intentos de suicidio/ y un mal alcohólico" y haya seguido entregándonos sus palabras, "las traspasadas voces?" Tendré que hacerlo con lo único que tengo a mano ahora mismo; el infinito goce de descubrir que la realidad de sus palabras no sólo nos deslumbra, sino que nos confirma en las verdades del mejoramiento humano, razón por la que tal vez aún no seamos una especie extinta."

Entre este texto y el que he puesto a continuación mediaron varias visitas a su casita en la Pequeña Habana, sentadas amistosas en algún café a abrirnos el alma como nueces y mostrar que esconden las cáscaras, "emails", llamadas telefónicas, un par de escapadas al cine, a los mercados locales, a visitar a algún escritor amigo, a encuentros literarios en Demetrio, el Centro Cultural español, la librería Altamira, a comer en algún restaurancito modesto, en fin… Lo que nunca se nos dio fue lo del viaje a España; ella quería mostrarme Madrid, pero no sabía, a pesar de lo mucho que gustaba de la astrología, que en mi carta astral no está favorecido eso de los viajes al extranjero. ¡Ah, si uno pudiera mover los astros, hacer otras composiciones más favorables! Descreer de las predicciones, ganarse un raspadito, un premio gordo, ¡jugar al menos! De una de esas presentaciones salió este otro texto, leído por mí en el Centro Cultural Español. Lo nombré "El menos académico de los textos". Sirvan estos escritos para recordarla, convocar su respiración de pez que boquea fuera del agua, porque evidentemente la tierra se ha vuelto un sitio difícil para vivir y hasta para morir. Para hablar de Lilliam Moro y su libro Contracorriente, voy a referirme al salmón, a su esforzado viaje río arriba a desovar. El rito de la fecundidad lo llama. Debe dejar el mar, ese amplio escenario donde no falta el alimento y volver al sitio donde nació, al origen, a cumplir su papel en la reproducción de la especie. Muchos no llegan a su destino. Hay obstáculos, está la presencia bajo muchas formas de lo que llamamos adversidad. Lilliam Moro es una poeta que ha ido sobradas veces contra la corriente a cumplir su misión: fecundar la página en blanco.

Tal vez porque su misión no estaba cumplida, contra todo pronóstico regresó a la vida, río arriba, "con el espasmo que crea una nueva realidad". Es entendible que de un viaje semejan te no se vuelve igual. Hay un desgajamiento, una bifurcación, que permite a la parte renacida ver con ojos distanciados a la que ha quedado atrás: "Sólo sé que esa otra, mi mejor enemiga/ era un deber diario, / un miedo perseguido por el miedo, / un pasado más largo que la vida." Los que conocemos a Lilliam, su devenir y su poesía, podemos identificarla con este verso de "El individuo milenario": "Siempre he tenido que vivir en estado de sitio". Un verso contundente como un epitafio, como esas líneas de expresión que van definiendo con los años el mapa de nuestro rostro.

Enemiga de verdades absolutas, es sin embargo eterna buscadora de absoluciones donde otros no ven más que signos de excentricidad o desvarío: "¿Cómo hacerle entender que a mí solo me salvan un par de certidumbres o ninguna, / los errores que me son tan queridos, / y hasta ese fuego inútil/ que como un dios me limpia el alma? Contracorriente es un libro en gran medida vertebrado en torno a una función humana que Lilliam acierta a cuestionar, a bajar de viejos altares y restituir a lugares menos reverenciados. Ningún otro ser vivo precisa de una escatología para vivir; sólo el ser humano se coloca bajo el foco de esa luz que busca mirar a la vida más allá de la vida, más allá de los límites de espacio y tiempo que nos tocan. Pero ¿salvarse de qué y para qué? Si más tarde o más temprano la muerte nos cerrará los ojos.

Ya desde su libro anterior *Tabla de salvación*, recogido en su *Obra poética casi completa,* la poeta se afanaba en el tema. No podemos salvarnos del destino, pero sí del desatino. Si el uno nos excede, el otro puede rendirse perfectamente a nuestro obrar. Queremos vivir con un propósito, aún cuando a nuestro lado caigan los ídolos de barro y los altares de la Historia. Lydia Cabrera, pintando piedrecitas eludía pactar con la mediocridad de un medio con el que desentonaba, un medio gris, huérfano de color, de gestos y bondades. No importa que estos gestos contravengan "el discurso que hace añicos mi vida"; la salvación no está en manos de aquellos que pretenden administrarla como un bien más de consumo, llámese política, religión, o alguna otra de las múltiples afiliaciones humanas. Prefiere tal vez la "ausencia de todo/ para obtenerlo todo", como puede leerse en el poema que le dedica a una mujer excepcional llamada Aung San Suu Kyi.

La gracia del anonimato, la bondad de los desconocidos, no son elementos nuevos en la poesía de Lilliam Moro, pero en Contracorriente hay una intención de subrayado, de reafirmación: "...me dio gusto cruzarme con personas sin nombre". Como una brújula que marcara un norte donde se posesionan los desasidos, la voz de la poeta se pronuncia por los otros. Si bien puede retratarse como la mujer que abraza un saco sucio y harapiento, antes colmado de buena voluntad, no puede dejar de mirar al lado, buscando el corazón del semejante, como en su poema "Los náufragos" donde descubre a aquellos "que imploraron piedad a la tormenta, / a los gendarmes guardacostas, al Misterio que tiraba de ellos hacia el fondo". En Contracorriente hay lugar para los perdedores, para esa especie peculiar que llama los poetas poetas que se arriesgan al olvido, para los equilibristas en "un circo de espectadores ciegos". Hay lugar para el cuerpo aterido por el miedo, la oscuridad, los amores volátiles, la vejez engañosa pero terriblemente lúcida.

Lilliam Moro es una aventajada. Ha tenido la oportunidad de regresar. Este poemario lleva una dedicatoria agradecida al doctor César Mendoza Trauco, a quien llama hacedor de Dios, que la devolvió a la vida luego de que su corazón, vamos a decirlo poéticamente, estallara en pedazos. Un evento tan súbito como el que se llevó a las víctimas de los atentados a unos trenes urbanos, y al que le dedicara su "Elegía de Madrid" en el libro antes mencionado, Tabla de salvación, y donde se pregunta en el último verso: "¿Cómo quedan, Señor, los que no saben que se han muerto?"

Vivir una experiencia límite le dio la posibilidad de escribir una poesía mucho más centrada en sí, donde caben todas las capitulaciones, los desasimientos, donde los recursos del lenguaje tienen la misma liviandad que una silla vacía, un espejo, un saco roto. De los arrobadores deslumbres de poemas anteriores como "Ávila en el corazón" o los entrañables poemas de su Cuaderno de la Habana, no hay nada equiparable en este poemario. El único poema que ha merecido esta ciudad que hoy nos convoca se llama "Miami Street". Más que una ciudad pareciera que nos habla de un atajo, un callejón sin salida: "…pueblo con muchas caras, pero ningún rostro/ agitando en el aire, entusiasmado, distintas banderitas de papel". Pero ha sido esta ciudad y no otra donde hemos tenido la suerte de tenerte y conocerte, de andar de tu mano por caminos despojados de falsas ilusiones, de mentiras piadosas. No es la voz de la resignación, sino de la más clara aceptación, la que dice: "El tiempo se nos ha ido echando encima/ y ya no hay nada que perder ni que ganar". No puede haber certezas sin dudar de lo que no es, no puede haber luz si no es por contraste, no puede sentir la liviandad quien no cargó antes, como Sísifo, una piedra como destino. No puede el salmón regresar al río del origen si no sabe que, como todo viaje a las esencias, lo guiará su intuición, el saber primero, pero también lo acompañará el riesgo de ir a contracorriente."

DE MADELINE PEDROZA

RESEÑA

Conocí a Lilliam en una Feria Internacional del libro de Miami; fuimos presentadas por la poeta nicaragüense Rubí Arana. Después coincidimos en varias tertulias literarias y presentaciones de libros. Mis oídos ávidos de seguir escuchando diferencias poéticas en la diáspora femenina Miamense, detectaron en los textos de Lilliam que, tanto ella como yo, estábamos convencidas de que la *Poiesis* apela a la intelección sensorial y no racional; y somos dadores de la semiótica que como diría Humberto Eco "es resultante de la humanización del mundo por parte de la cultura" a la que nos entregamos. Por tanto, era de reconocer por mí, la praxis poética que la llevó a esa maestría desbordada de alma y corazón. No podía ser lo contrario porque al combinarlas, resultaban ser un cristalino manantial de sensaciones perdurables marcadas por una verdadera creación artística. La recuerdo en Altamira Libros, una noche de regocijo donde tuvimos ese maravilloso espacio de confluencia intelectual. Lilliam se me acercó, y con humildad y delicadeza me dijo cuánto le habían gustado mis poemas. Yo, que también había estado muy atenta a su lectura le reciproqué; ¿quién se resistiría ante sus majestuosos versos?, si como ella misma escribiera en su poema "La luz que aguarda": "Únicamente el corazón/puede intuir cierto sentido/como un escalofrío/; versos que habían sido culpables de ese escalofrío que había sentido al escucharla.

La poética de Lilliam perfeccionada con su estilo hace una travesía que parte de su origen; son auténticas revelaciones de amor y dolor, de dejar al desnudo una realidad impuesta en Cuba, sin elecciones ni opciones; testimonios en su voz denunciadora que regala a otros y a ella misma; angustias que con el tiempo se acomodan en las memorias como un huésped que nos recuerda que nunca se irá.

Lilliam nació en La Habana en marzo de 1946, y en 1970 partió de Cuba para dejar que fluyera su torrente narrativo y poético; decidida a reconocer otras tierras como remanso liberador de censuras, y sometimientos de un sistema esclavizante que carga sobre sus hombros la verde mochila de la sangre y el naufragio de varias generaciones de cubanos.

¿También en marzo, su muerte sería una coincidencia de recordatorio? Su partida en el 2020, año de tantos avatares, impactó y dolió a familiares, amigos y conocidos. No importa si sabíamos o no de su lucha para enfrentar una terrible enfermedad y de su posible desenlace; no importa si no la veíamos a menudo; una mujer como ella, sencilla y tan cubana, con una trayectoria como profesora, editora, escritora, crítico literario y ensayista; con una obra sólida y reconocida, siempre duele. Y nos duele también porque su patria, la de todos los cubanos, se la perdió tempranamente como se pierde a tantos de sus valiosos hijos.

Lilliam partió sin deberle al mundo; pero creo que el mundo le debía a ella. Aun así, en su libro *Tabla de salvación*, aparece el poema "Acción de Gracias", donde la poeta le habla a Dios con devoción y humildad, y resume la gratitud de vivir a pesar del dolor existencial que todo ser, todo exiliado lleva consigo: "... te agradezco esta profunda certidumbre/de creer que tanto dolor/tiene un sentido para ti que yo no alcanzo a comprender/y por lo cual, te doy un voto de confianza/. Creo que, al dejarnos su alma en sus obras, ella se fue en paz a donde nos iremos todos los poetas: ¡Al lugar donde habita Poesía!

LOS POETAS

A Lilliam Moro, a propósito de su poema
"En memoria de ellos".

Lilliam, los poetas nos arriesgamos al olvido
como dices: a la peor de las muertes.
Los poetas nos arriesgamos a morir asfixiados de elitismos
e incomprensiones de todo tipo
entre palabras omitidas o inacabadas,
entre versos inconclusos dentro de una gaveta
o hechos añicos dentro de un bol de basura
entre libros en estantes o sobre buroes hacinados de objetos
y otros papeles ajenos a este viaje reiterado.
Somos ese contraste que no aparece en ninguna nómina
las palabras son nuestros verdugos
y el placer de su esclavitud nos da el valor
de ponernos como blasón frente a la muerte
pero una muerte distinta, lírica
quiero decir, poéticamente, en vuelos perennes y etéreos.
Muchos somos del "Club de los poetas muertos en vida"
o del "Club de los poetas muertos"
y no veo acentuadas diferencias de *Les Poètes maudits* de Verlaine
ese club tan lleno de tragedias, de soledad, de misterios
de compulsiones que no podemos explicar ese masoquismo
de no liberar la cruz de nuestras manos
cruz que no concilia con monedas
y que nos quita la paz nocturna.
Hubiera querido disuadir a Violeta, a Virginia, a Silvia
a Alfonsina, a Alejandra, a Anne, a Antonieta

incluso, a Enrique Job Reyes para que
la voz dicotómica de Agustini
no la apagara por rabia o por locura.
En fin, a tantos me hubiera atrevido a disuadir
de que no escucharan los susurros de sus sombras
y hasta a la misma Parca
para que ese catorce de marzo del 2020
retrasara o no fuera nunca tu partida, Lilliam.
Pero soy una simple mortal, como todos.
No tiene sentido adjudicarme un poder que no me pertenece
e imposible de hacerlo realidad.
La suerte también está echada sobre mí
la cruz, lentamente, quema mis manos
hasta convertirlas en cenizas disueltas por las aguas
—como es mi último deseo—.

Nos arriesgamos al olvido, Lilliam, como tú dices
estamos condenados, lo sabemos.
Lo que no tenemos claro, es si en este milenio
en esta revolución digital, entenderán que
salvar a los Poetas
es salvar de la Vida, su belleza.

DE MAYA ISLAS

LILLIAM MORO: AMISTAD DETRÁS DEL VELO

Estamos acostumbrados a escribir las sensaciones y los recuerdos que nos produce una vieja amistad bajo un marco de sonrisas y llantos donde se valore todo lo que fuimos y somos a través de las imágenes del otro.

¡Qué podrían decir ustedes, si supieran que yo no conocí personalmente a Lilliam Moro más allá del puente intelectual de su poesía, muchas veces filosófica en contenido! La conocí más allá de sus narraciones y novelas, con su Cuba al hombro siempre, más y más allá del salto histórico de sus memorias. Lilliam y su mundo podían palparse, especialmente cuando a través de sus publicaciones, premios literarios y entrevistas, dejaba el marco de un perfil que nos daba ese espacio para sostenerla y admirarla desde lejos.

Cuando el buen corazón acompaña el movimiento de la inteligencia, hay humanos que dejan surcos; y eso hizo Lilliam posible: que sus pies tocaran las aceras de la vida, sus huellas en los cementos de la belleza y la tragedia. Todo esto que menciono era todo lo lejano que me acercaba a ella. Seguí su vida en los últimos años, sobre todo cuando las noticias de su enfermedad y muerte nos rondaban. El tiempo y el espacio no se apiadaron de mí. Ya me había sido imposible conocerla personalmente, ser su amiga, tener recuerdos de la adolescencia, oírle hablar sobre la esencia de sus enamoramientos juveniles, hablar sobre Cuba cuando estábamos en una edad casi inocente. Los amigos son como hijos caminando vidas paralelas en nosotros, creciendo juntos, muchas veces. Para Lilliam y yo, no fue posible.

Nuestro encuentro sucedió sin suceder en carne y hueso. Fueron lugares hechos de palabras, de fotos, de perfiles posibles como artistas: las Antologías, y doy gracias a esa oportunidad que nos hacía vernos a través de los nombres. Luego, el tiempo de la ida se acercó peligrosamente y a pesar de los logros intelectuales de su trabajo poético, el peligro de la muerte seguía acercándose, dejando sombras para que su felicidad no fuera. Nos quedamos, de nuevo, sin conocernos y sin abrazos. Me tocó presenciar los días de su muerte, a distancia. Antes vivía en New Jersey y Nueva York; ahora, en Texas. Desde ese balcón tejano observé todo. Lo demás, todo llegaba a mí a través de otros poetas que vivían en Miami, como Reinaldo García Ramos. El perfil de Lilliam se conversaba en los medios: mujer, llena de valores humanos, como los valores intelectuales que tenía. Presentaciones, entrevistas, artículos en las revistas, Comencé a atar cabos, reflexionar sobre los surcos que se dejan cuando hay valores. Todo brillaba en su historia.

Si la calidad de la poesía que emana de los que se quedan puede valorarse con la calidad del alma que se va, debemos entender que la fórmula es exacta, porque nadie escribe para los seres que hieren y no enseñan nada. No puede haber nostalgia para el ser que presenta el mal como escenario. Su compañera, Julia Peña, dejó claro ese sentimiento y nos habló a todos nosotros, los que leíamos sobre Lilliam y su proceso de vida hacia la muerte. Julia, siendo ella misma poeta, utilizó su propia poesía para dejar marcado con palabras el impacto de Lilliam Moro: memorias del diario vivir, conversaciones en el crecimiento de las cosas de la vida; sentimientos compartidos, calidad en los valores de ser y actuar y así siendo guía a lo mejor que habita en todos.

Ya Lilliam se había retirado a otros ámbitos de muerte y Julia comenzó a descender hacia el dolor. El golpe del entendimiento de "para siempre en esta vida" ya no estarás, es un proceso que requiere comprender que las palabras "saben" lo que dicen. Eso es; esa es la sensación. Julia comparte sus versos con todos los lectores que quieran unirse a ese espacio especial del adiós y las sensaciones poéticas que poseen el secreto de esa verdad. Si la calidad de la poesía que emana de los que se quedan puede valorarse con la calidad del alma que se va, debemos entender que la fórmula es exacta porque nadie escribe para los seres que hieren y no enseñan nada. No puede haber nostalgia para el ser que te presenta el mal como escenario.

Sin más, he escogido unos fragmentos de un poema de Julia. Unos fragmentos de un poema lleno de nostalgia y de amor incondicional. Pido algo: que los lean detenidamente para que puedan encontrar allí la enseñanza de una vida sobre otra.

Lilliam Moro, en su vivir, en lo que fue, lo que hacía, lo que escribía, lo que amaba y respetaba, enseñó los comportamientos del Ser. Los deja como surcos en las personas que vivieron con ella y tuvieron la oportunidad de ver.

EL ANGEL DE LOS GATOS

Para Lilliam Moro

Hay en el acto de cerrar las ventanas
una soledad intrínseca
la búsqueda de una protección
más allá del hecho en sí mismo…

(1)

…Hoy me quedé mirando
Y te imaginé caminar por las aceras.

El paso torpe, pero rápido
Un gorro cubriendo tu cabeza
Las manos ateridas y un propósito:
Alimentar una vez más a un gato hambriento…

(3)

…Invoqué al Guardián de los Relojes
Para que diera marcha atrás por un instante
De modo que pudiera yo seguirte
En ese ritual de compasión…

(5)

…Pero siempre me entregue a este acto único
De soledad y protección, tan cotidiano, …
veré tu sombra alejarse por la acera
del paseo que conduce a la estación…

(7)

…Nunca faltarán gatos hambrientos….

(8)

Julia Peña, poeta.

La compasión está a un paso de la transformación de la humanidad hacia la divinidad del ser, que es la que cambia al ser humano en ángel. Julia Peña, encontró un título exacto para su poema: Lilliam Moro, siendo ángel, ya se convierte en un ser divino porque cumple el mandato de compasión por los otros, sean humanos o animales. La poeta y narradora se convierte, por su comportamiento, a ser "el futuro humano" de esta Tierra.

Sé que este libro que se forma en honor a Lilliam Moro estará inundado de estudios críticos sobre su poesía, novelas y ensayos y cubriendo las temáticas de la literatura y su camino intelectual.

Podemos leer y leer y no conocer el fondo del corazón de un escritor. Talento no es sinónimo de bondad. Lilliam Moro es mucha Lilliam Moro y estoy segura de que su totalidad, como escritora y persona, cubre los grandes elementos del reconocimiento.

La parte humana de su alma ha sido mi tópico, para que éste se una a conversar sobre encontrar un fenómeno en ella: el talento artístico y su calidad humana. La bondad y el talento unido; la ética del ser en todos los planos de su existencia.

Es verdad que no la conocí personalmente, pero sí la he conocido en otros aspectos mientras escribía mis reflexiones sobre ella. Si es verdad que al final de la vida terrenal nos ganamos ciertos regalos energéticos por nuestra conducta que nos devuelve alegría, espero que cuando me toque el viaje, pueda saludar a la escritora Lilliam Moro en los altos paisajes de un cielo que se hace visible cuando el velo nos permite ver, y decirle: soy tu amiga.

DE LOURDES GIL

REMEMBRANZA

Supe de Lilliam y su poesía a través del desaparecido poeta Amando Fernández, quien a principios de la década del 90 nos animó a que nos comunicáramos, pues sostenía que en nuestra poesía existían lazos comunes. Me impresioné al leerla y comprobar que alguna razón tenía. Al menos coincidíamos en el espacio que dedicábamos a la mujer como figura histórica y literaria en nuestra poesía —Virginia Woolf, la Ofelia de Hamlet, entre otras. Hallé además en ella una voz de singular majestuosidad, la melodía de un lenguaje que era a la vez ecuménico y muy cubano, nunca desvinculado de nuestro suelo natal.

Cuando conversamos por teléfono, descubrimos afinidades más acordes con la preocupación por Cuba, que con el quehacer poético. Había concluido la Guerra Fría, y en la isla hacían estragos las secuelas del desplome de la URSS, tanto en lo económico como en el orden moral. Ambas coincidíamos en que era el fin de las ideologías, y que la sociedad cubana se precipitaba hacia un declive ético y social. Años más tarde, Lilliam lo calificó en una entrevista como "una perversión histórica y ética, y la muerte de una utopía". En la actualidad todo eso es un tópico trillado, pero hace 25 años, tenía mucho de valoración inesperada, prematura quizás.

En cualquier caso, nuestra comunicación quedó interrumpida, y no volvimos a escribirnos hasta hace un par de años y sólo de manera esporádica. No es cosa fácil abordar el tema de la mortalidad, y menos aún transitar por ese cauce. Enmudecemos, aún a pesar nuestro.

Hoy lamento no haberla conocido en persona.

GLOSA INCONTENIBLE A "OFELIA FLOTA SOBRE LAS AGUAS VERDES"

DE LILLIAM MORO (Fragmento)

1.

Se inundaron las llagas de raíces.
En ellas, en las llagas, creció el mar.
Todo fue agua.
Desmesurado el charco se hizo océano,
diáfano mar en su volumen implacable,
le presionaba el esternón y las costillas.
Alga y espuma entraban y salían por el labio
como en un sumidero de caimitos.
La sal picó la lengua,
orificó con rabia la laringe.
Se rebelaba Ofelia.

2.

—Me he reído del agua largamente,
de las piedras y las algas.
Me río y no salpican las gotas de la sangre.
No mancha ya el mensaje turbulento de la muerte.
La huella de mi pie se multiplica y no me pertenece.
La huella de mi pie regresa y mortifica.
3.
¿Quién es esta mujer obsesionada?
—Te llamarás Ofelia, Alfonsina, Lilliam Moro.
Te harás fuga en el prisma

e irradiación en el retorno
¿Quién es esta mujer obsesionada?
El suicidio de Ofelia, de Virginia, de Alfonsina,
la amputación de Frida.
Ninguna quiso quemar naves,
naves que bajo el cielo son una llamarada,
un nubarrón de plata enrojecida,
una garganta abierta.
4.
Desde el período mioceno
lianas de luz lacustre se trenzan a nenúfares
que han de cubrir a Ofelia.
Feliz, jadeante Ofelia en su periplo
por los recintos del Averno.

Lourdes Gil
(de *Empieza la ciudad*, 1993)

DE ÁNGEL SÁNCHEZ RIVERO

RECORDANDO A LILLIAM MORO

Transcurrían los años 60 del siglo pasado y yo estudiaba la especialidad de Filología Moderna en una Facultad de la Universidad de Salamanca que por entonces estaba en la planta alta del Palacio de Anaya, frente por frente a la catedral. Vivía con otros estudiantes canarios como yo en un piso del Paseo de San Vicente, en lo alto del Restaurante Erika, donde hacíamos nuestras comidas y veíamos la tele, todavía en blanco y negro. Ya mantenía correspondencia con un cubano negro llamado Gerardo Fulleda León, que, aunque había nacido en Santiago se trasladó a La Habana con su madre todavía niño, porque quería estudiar. Él había sido betunero en Chago —que es como los cubanos llaman a la ciudad de la provincia de Oriente— y su madre se ganaba la vida fregando suelos. Eran pues muy pobres, y parecía muy improbable que aquel muchacho pudiera estudiar. Pero llegó la Revolución y ya la población de color pudo tener acceso a la Universidad de La Habana, donde pudo estudiar, licenciándose en Historia. Fue pues esa la causa de que se hiciera un adicto al nuevo Régimen instalado por los barbudos que bajaron de Sierra Maestra, derrocando el batistato, corrupto gobierno vendido al capitalismo yanqui, que había convertido a la Perla de las Antillas en el burdel del Caribe.

Debo confesar que también yo simpatizaba con la Revolución y con sus principales conductores, porque mi familia allí emigrada se lamentaba del profundo tercermundismo que dominaba la isla. Mis abuelos paterno y materno, así como algunos de mis tíos habían emigrado, porque la situación en las Islas Canarias era de extrema pobreza y la corriente emigratoria isleña había empezado prácticamente desde el s. XV. En este punto no debe olvidarse que el primer texto escrito en Cubita la Bella —como la llamamos los isleños— era un emigrante canario llamado Silvestre de Balboa, quien escribió "Espejo de Paciencia", texto fundacional de la Literatura Cubana. Fulleda ya escribía, perteneciendo a la generación de El Puente, con compañeros como José Mario, Ana Mª Simo, Excilia Saldaña, etc. Y fue él quien me mandaba por correo los primeros ejemplares de las revistas "Casa de las Américas", "Unión", "Crítica" y "El Caimán Barbudo", que todavía no me explico cómo me llegaban, porque la censura postal de la dictadura franquista requisaba todo lo que llegaba de un país declaradamente comunista. Fue pues en un número de "Casa de las Américas" donde encontré unos poemas de Lilliam Moro que me sorprendieron por su soltura y originalidad. Decidí escribirle a la dirección de la revista, declarándole mi admiración y comparándola con Alfonsina Storni, y me respondió muy agradecida, con lo que empezó una estrecha amistad epistolar que duraría largos años.

Llegó el momento en que pudo salir de Cuba y se vino a Madrid. Desde que pude cogí el Auto Res y desde Salamanca me fui a Madrid a conocerla en el domicilio que me había dado. Encontré a una mujer francamente destrozada por la durísima experiencia que había sufrido en los últimos años, internada como estuvo en un campo de trabajo destinado a la reeducación de las personas que no se ajustaban a las normas del Régimen, en su caso relativas a su orientación sexual. Separada de su país, su familia, su ambiente diario, tenía que adaptarse al país de acogida, conseguir un trabajo y restablecerse moralmente, porque su vida tenía que seguir en las nuevas circunstancias, Había conseguido su primer trabajo en un bar, sirviendo a la clientela, con un mísero sueldo. No lo pasaba bien, según me contaba, por las impertinencias de los borrachos. Vivía con una amiga, cuyo nombre no recuerdo, a quien ella llamaba Conejo,[12] delgada y vivaracha, y también con una gata blanca muy bonita, que ella pensaba era la reencarnación de una guía en santería que tuvo en Cuba. Practicaba la Regla de Ochá, esa especie de religión que es un sincretismo entre las creencias que trajeron los esclavos traídos de África por los conquistadores españoles y la religión católica que les fue impuesta; porque cristianar, explotar el territorio y dominar a los rebeldes cubanos era el cometido de los españoles en su colonia transatlántica. Ya en sus cartas me hablaba continuamente de los orishas, sus historias, atributos de poder, ceremonias, y las ofrendas que se le debían hacer. Me recomendó los libros de Lydia Cabrera sobre el tema, y los de Fernando Ortiz, que poco a poco fui consiguiendo, porque como antropólogo me interesaba aquel asunto y caí seducido por aquel extraño mundo, siempre preguntándome cómo una intelectual de etnia blanca estaba tan metida en unas creencias que yo creía privativas de la población de ascendencia africana, pero ella se encargó de explicarme que muchos blancos eran santeros. En un lugar de su casa estaba el altar de su orisha, con las correspondientes ofrendas en una repisa, y velas encendidas. Lilliam era una consumada experta en la santería, echaba los caracoles y recibía visitas de exiliados cubanos que venían a consultarla sobre sus asuntos, ateniéndose a los consejos que ella les daba. Pasé en aquella primera casa un par de días, conviviendo con quien ya sería mi amiga del alma para siempre, porque era una persona buena, muy preparada intelectualmente, gran conversadora y prometedora poeta. Pero hubo un desgraciado incidente que la amargó mucho, y fue que unos muchachos de mala ralea atraparon a

---

[12] Su verdadero nombre es Ester, "excelente ser humano y amiga de Lilliam hasta el final," nos confirma Julia.

la gata en una de sus salidas y le pegaron y la quemaron poniéndole un petardo en el culo. Lilliam lloró desconsoladamente, amarga por aquella ruindad, y no comprendía que hubiera tal comportamiento con un animal tan precioso para ella. Regresé a Salamanca, con la promesa de volver a verla tantas veces como pudiera. Por suerte ya había conseguido un trabajo mejor en una imprenta llamada Gráficas Arabí, donde era la encargada de la impresión de libros, pero fue algo que a la larga iba a perjudicarla, porque los vapores del plomo de aquella industria le afectaron el colágeno, y tuvo que cuidarse al respecto, porque le afectaba a la piel. Seguimos carteándonos, ante la imposibilidad de hablarnos por teléfono, porque ninguno de los dos lo teníamos. Ya por entonces preparaba la edición de su primer libro de poemas, *La cara de la guerra*, y le escribí con mucho gusto el prólogo. Un libro magnífico, que acaso no se vendió en las librerías, pero que ella se encargaba de enviar por correo a su familia y amistades en Cuba, regalar ejemplares a los de Madrid y vender otros, todo fuera recuperar algo del dinero que le había costado la edición. En esta misma imprenta, y con su ayuda, publiqué un libro de poemas titulado *Parches*, por cuenta de autor, que llevé en paquetes a Salamanca, y la imprenta me mandó el resto por mensajería. En él está incluido un poema que habla de Yemayá, orisha de la mar, que fue la que Lilliam me adjudicó, conociendo ya mi carácter. Me habló de sus padres, de su hermano Mario, que era músico, y de un muchacho llamado Ridel Fernández, al que ella consideraba su ahijado y escribía poesía. Me empecé a cartear con él y me mandó el original de su primer libro, por si había algún chance de publicarlo en España; pero cometí el imperdonable error de entregarlo a una persona inadecuada para ese fin, que tenía contactos con editores, y lo perdí de vista, ignorando si llegaría a publicarlo en Puerto Rico, donde se fue a vivir tan pronto como consiguió la visa, porque al ser homosexual, su libertad peligraba en Cuba. Ya es proverbial la tremenda homofobia del régimen castrista, y Reinaldo Arenas fue el paradigma más conocido como escritor de tal persecución. Si no me falla la memoria fue en 1967 cuando llegó a Madrid Ana Mª Simo, poderosa intelectual que también había conseguido la visa, y tenía como destino París, donde tenía contactos. Ya me carteaba con ella y fui a Madrid a conocerla, y a despedirla cuando cogió el tren hacia Francia. En París la traté mucho y coincidió conmigo en el Centro Universitario Experimental de Vincennes, una extensión de la Universidad de París donde yo cursaba mi primer ciclo de estudios parisinos. Sus contactos hicieron que obtuviera un puesto en la Biblioteca de dicho Centro, y allí nos encontrábamos con frecuencia. Para obtener la nacionalidad francesa se casó con un francés de apellido Natiez, con quien tuvo un hijo. Hoy vive en Nueva York y es una reputada dramaturga que escribe en inglés. Era amiga de Lilliam y aparecen juntas en fotos que tengo. Ya en París, desde 1968 seguí comunicándome con Lilliam y mandándole los libros que me pedía. Ya por entonces se había ido a vivir a Torrejón de Ardoz, donde tenía su trabajo. Ella tenía la particularidad de empezar sus cartas citando alguna canción que le gustaba, pero me consta que por entonces su favorita era *As time goes by*, famosa porque es la que en la película Casablanca Ingrid Bergman le decía al pianista negro del "Rick's Café"—¡Tócala otra vez, Sam—! Y yo empecé a poner también en el encabezado de mis cartas mis canciones favoritas, siguiendo su costumbre. Llegado mayo de 1969, tuve que dejar París para ir a cumplir mi servicio militar en el Sahara Español la perdí de vista y no la volví a ver más, hace ya 51 años, que se dice pronto. Pero ya nuestra estrecha amistad se había convertido en hermandad, y como hermana la tendré el resto de mi vida. Estando destacado como cabo en un cuartel de la playa de El Aaiún me mandó una cinta de casete de una hora contándome con todo detalle su calvario cubano, un documento que pongo a la disposición de quien algún día escriba su biografía, relato angustioso, estremecedor, con el que confieso que lloré, porque allí se escuchaba a una mártir en carne viva, y movía tanto a la compasión como a la rabia.

Desde allí iba un par de días de la semana a Madrid para colaborar con una revista, con lo que conseguía vivir modestamente, pero seguía escribiendo continuamente porque esa era su vocación y su máxima facultad de ser ella misma. Ya tenía teléfono y nos comunicábamos con alguna frecuencia, pero entre mi trabajo como catedrático de Enseñanza Secundaria, mis escrituras, investigación en trabajo de campo por las Islas, mi vida sentimental y social, entré en un periodo de dejadez tal que dejé de escribirle y la tuve abandonada durante muchos años, aunque nunca la olvidaba. Ahora me arrepiento profundamente porque a ella le dolió, y llegó a pensar que me había enemistado con ella, cuando no había nada de eso, fue pura desidia por mi parte. Muy recientemente, cuando me entero por *Facebook* de su premio en Salamanca, sus recitales, sus publicaciones, volvimos a reanudar la relación, si bien por correo electrónico. Por suerte fue muy comprensiva con mis argumentos, que no justificaban mi prolongado silencio, y me perdonó. Seguía siendo mi hermana del alma cuando vivía en Ávila. Yo estaba contentísimo de su acogida en Salamanca, mi *Alma Mater* estudiantil, donde transcurrieron años muy felices y productivos de mi vida. Tuvo suerte en conseguir una valiosa pareja, y juntas se fueron a vivir a Miami, a cuya dirección le envié libros míos. He conocido sucesivamente sus éxitos literarios, recitales, homenajes y los juzgo muy merecidos, porque Lilliam Moro es una poeta extraordinaria, intimista, sensible, con una tremenda capacidad de expresar su mundo interior, de recurrir a imágenes impactantes, de modo que la considero una de las mejores poetas del mundo hispánico. Lamento mucho no conocer sus libros, porque Amazon ha demostrado ser un tortuoso medio de hacerme con ellos, pero insistiré con otros distribuidores porque tengo el máximo interés en conocerlos y gozarlos.

Poco más puedo añadir de nuestra relación, sino que la he querido mucho, la echo de menos, lloré su muerte, rememoro nuestros años de trato cercano, la llevo en mi corazón, en mi mente, y toda su correspondencia en mis archivos, a disposición de quien los necesite para su biografía, necesaria para dar alcance mundial a su brillante personalidad humana y literaria. Vivió, amó, sufrió, escribió y perdurará en el firmamento como una estrella bendecida y protegida por su orisha, y querida y admirada por todos los que la conocimos. La Eternidad le está reservada en páginas que deben ser leídas por todos los gustadores de la alta Literatura. ¡Bendita seas, allá donde estés, querida hermana Lilliam Moro!

Laguna de Ossorio (Valleseco) Gran Canaria, 14.11.20

LA DE LOS CORAZONES DEBOCADOS

No la conocí en persona, no pude disfrutar del brillo de sus inteligentes ojos, ni de la luz de su alma buena. No la escuché declamar sus versos en compañía de sus amigos. Solo puedo escarbar entre sus poemas para intentar vislumbrar el espíritu de la que fuera y es una excelente *poeta-poeta*: Liliam Moro.

Como mi corazón siempre anda desbocado, bien porque la pasión se le aferra todavía en las oscuras noches de desvelos, o tal vez porque ya grita su impotencia de latir como se debe, se me desborda también, hay que decirlo, cuando ante mí aparecen algunos de sus versos, como los del poema «Los corazones desbocados», de su libro *Tabla de salvación*.

Hemos andado por la vida / comiéndonos el mundo / haciendo fuego de los días / y fogatas con el calendario / Nada teníamos, nada podíamos perder / Solo contaba el hoy / Demasiado aspaviento / El futuro llegó sin avisar / y aquellas llamaradas / hoy son patéticos rescoldos volviéndose cenizas / Las pocas certidumbres / se convirtieron en grandes ignorancias / Solo nos han quedado / montones de papeles, cartas amarillentas / algún remordimiento / y muchas fotos en una caja de cartón.

Hay que conocer el mundo, haberlo saboreado, masticado y a veces escupirlo, para reconocer que «las pocas certidumbres se convirtieron en grandes ignorancias». Y ella lo hizo, anduvo por la vida comiéndose el mundo, con su *isla tatuada en el pecho*, lo degustó y lo exorcizó con palabras que no *se convirtieron en cenizas,* su voz llena de lirismo las elevó al plano de lo clásico y al encuentro de *una expresión definida*.

Admiro su poesía reflexiva, de tonalidades filosóficas, existencialistas, con sus matices sarcásticos, poblada a veces de dolor y de vivencias del pasado porque «Recordar a la isla es …es tener mucho miedo / mucha prisa, / mucha distancia encima»; y la admiro a ella porque al querer decir *amor, dice La Habana*. Y me encanta la ternura de «Cuando acaricio tu cabello a tientas» y su optimismo cuando dice: «y algún día será el día de mañana».

Cuando acaricio tu cabello, a tientas
doy con tu soledad, doy con las ganas
de algo que quiso ser
de alguien que junta los trocitos
de otro día perdido.

(Ya ves, ahora es de noche
y cómo hemos matado tantas cosas)

No desesperes, sin embargo, duerme ahora:
ya sabes que la noche todo lo vuelve breve
y algún día será el día de mañana.

Dicen sus amigos que era un excelente amiga, yo lo creo sin lugar a dudas, porque son luces de buena amistad las que brotan en su poema *Amigo*: «Cuando se dice la palabra amigo / las letras se entrelazan / y van formando un círculo de luz…» y se puede apreciar el aroma del alimento recién horneado que nos hace sucumbir ante la memoria pródiga de momentos felices de la cotidianidad amorosa del hogar: …«los momentos detenidos al borde del olvido, / el olor a un pan crujiente recién hecho / que compartido nuevamente / será la comunión de lealtades…».

Un optimismo certero encuentro en su poema *La mancha de café,* porque a pesar de las adversidades, de todo el cúmulo de dolor y angustia que tiene que haber sufrido esta mujer, mezcla de fortaleza y dulzura, aún es capaz de abrazar a aquel al que la vida se le ha venido encima: «… tiene que haber otra manera / de recontar las sombras / que las cuentas del debe y el haber / no den números rojos / y que el café salpique / sin que manche tu ropa».

Aunque en una entrevista para *Árbol invertido* (Ena Columbié, 28/01/2018), cuando le preguntan por qué siempre está presente Cuba en su literatura, la propia poeta afirma que: «Después de vivir 47 años fuera de Cuba su presencia en mi literatura viene dada por imperativo categórico, no por nostalgia. Es por responsabilidad, por no ser cómplice de esa perversión moral, ética, histórica que está arrasando con el alma de un pueblo. ¿Qué menos podemos hacer?»; es mi opinión que todos los poetas cubanos en el exilio están marcados, de una manera u otra, con la sangre indeleble de la nostalgia por lo que fue y ya no es, y por lo que de maldad sigue allí existiendo, por esa patria amada y lejana, golpeada y humillada, donde quedaron —y quebraron— sueños e ilusiones. Liliam, para mí es, también, una poeta marcada. ¿Cómo si no? Ella estuvo entre los intelectuales acusados de tener «problemas ideológicos» y tuvo que emigrar a España en 1970.

Así lo siento cuando leo: «Estoy en esta orilla de aguas tristes /donde el mar no es más que un nervio sobresaltado /que se complace en ahogarnos con su ruido…». Y porque la tristeza forma parte de su "yo" profundo, clama: «…y yo te miro ahora / desde mi embarcadero de tristezas / para asumir un tanto / y compartir nuestro salitre / juntos».

Lacerada, con el verbo aullando desde el fondo de su ser hasta su garganta y de allí vomitado *más allá del bisílabo manido, explosionado en tinta, rajando la página donde escribe,* nos conmina *a estar atentos* porque: «*...donde dice "dolor", debe decir "dolor"*». Heridas, cicatrices que el tiempo no logró desvanecer desde la raíz misma del desconcierto, la propiedad del ser nacido en una tierra que se abrió para tragarla y de la cual escapó hacia otra que la acogió y le abrió el alma con amor; pero allá la raíz, aquí el tronco, imposible desmitificarse y —divida en dos— volver a recomponerse sin que las marcas no le recuerden los desastres. Y aunque no era posible para Liliam, como para los de su «raza» de poetas grandes, doblegarse ante la dificultad, herida quedó parte de su cuerpo y esa lesión se volvió dolor y circunstancia.

La historia de Cuba desde mediados del siglo pasado (1959) está llena de dolor, de injusticia, y una de las páginas más tristes y dolorosas ha sido (y todavía es) la muerte de cientos de hermanos en el mar en la búsqueda desesperada de la libertad. Liliam nunca dejó de sentir profundamente la pena por tanta desgracia y lo deja escrito para siempre en su impactante poema *El balsero:* «Cuando lo recogieron / era un cadáver más, boca arriba en la balsa, / con los ojos comidos por el sol, / los párpados abiertos que dejaron pasar / la última mirada interrogante / al cielo azul bellísimo, indolente. / Mirad el fondo de esas cuencas podridas: / ahí reposa la Historia con todos sus discursos».

Y como colofón, *Ese olor a después*, su último libro —publicado antes del adiós definitivo de su cuerpo, que no de su espíritu—, está lleno de matices. Casi 70 páginas conforman este poemario dividido en tres momentos o capítulos.

El primero, «Homenajes», está dedicado a cantantes y a músicos; a escritores y pintores y sus obras; y hasta a hechos terribles como el llamado «La noche de los cristales rotos», cuando asesinaron a más de 91 judíos y detuvieron a cerca de 30 000 (llevados luego a campos de concentración), en la Alemania nazi, la noche del 9 al 10 de noviembre de 1938.

...En esa noche de las noches / también se rompió el cielo / y el compatriota amaneció de pronto sin país, / sin bandera y sin nombre: / dejó de ser Elías, Judith, Levi, Ester, / nunca más Abraham ni Rachel ni Aaron / únicamente Jude Jude Jude Jude. / La estrella amarilla de David / cosida como un estigma en la solapa. / El miedo tomó forma...

En el segundo capítulo: «Desafío del lugar común» está la cotidianidad llena de resquicios y de amores rotos: «...pero no logro sacarte de mi alma, / te llevo impregnada entre mis vísceras / aunque las sábanas ya no tienen tu olor / [...]; Qué le vamos a hacer, / al corazón hay que llamarlo corazón, / no hay un sinónimo aunque sí una metáfora: / esa casa hecha ruinas que se mantiene en pie / porque la habita tu rostro en las paredes; / y al dolor hay que buscarle un símil: / como una espina en la planta del pie / que se me clava más cuando camino / desde que te marchaste».

Ese olor a después es un verdadero regalo que nos ha hecho Lilliam antes de partir. Los poemas de "Imitación de la Luz", el tercer y último capítulo, me conmueven, y termino de leer el libro con unas ganas de que regrese y nos recuerde que *Apresurar el paso no adelanta el final.* Y me define su concepto de la vida cuando dice:

Sin embargo, es posible que el beso
de una brisa sutil a media tarde,
el olor de las páginas de un libro,

llenarnos la mirada con el azul grisáceo
de un mar que contemplamos en invierno,
o acariciar el lomo de un gato en el regazo
puedan ser las señales esperadas,
la certidumbre de que el otro final imaginado
nunca será posible,
porque el camino se trata únicamente
de un instante de luz...

(Fragmento del poema IX, de "El viaje al fondo de sí mismo").

No la conocí en persona, es cierto, y sé que tengo mucho que disfrutar de su poesía todavía, mas después de haber leído un poco de su historia contada entre imágenes, símiles y metáforas, ya sé que Lilliam Moro es «...*un signo, un rostro de retrato / que se acerca y me mira.*

DE LILLIAN B. VIZCAÍNO

LILLIAM MORO: TRIBUTO A LA AUTENTICIDAD Y
AL COMPROMISO SOCIAL

Cuando mi estimado amigo Héctor M. Gutiérrez me invitó a formar parte de este hermoso y merecido homenaje a la poeta cubana Lilliam Moro, confieso que acepté con agrado por considerarme honrada con la propuesta, pero a la vez, lo consideré un gran reto. Se puede decir tanto de Lilliam Moro, por su vida, su estoicismo y fidelidad a sus valores; como por su extensa y destacada labor como crítica, escritora y, en particular como poeta, que resulta una gran responsabilidad y un compromiso que trataré de cumplir con admiración y respeto.

Quiero iniciar estas páginas con un breve recuento de su vida; nacida en La Habana un 8 de marzo de 1946; se vio obligada como tantos otros cubanos a refugiarse en el exterior en 1970, debido a la represión del régimen totalitarista cubano. El exilio, primero en España y luego en Estados Unidos marcará para siempre su vida y dejará una profunda huella en su obra. Fallece en Miami, el 14 de marzo del 2020 tras una penosa enfermedad.

Debo agregar que además de su trascendente labor literaria fue una ferviente defensora de los derechos de la mujer y abrazó diversas causas en contra de la desigualdad social, la pobreza, la represión; en pro de la paz y la igualdad. Fue sin duda alguna una poeta comprometida con su poesía, con su patria y con su tiempo.

En un apretado recorrido por su labor literaria, es preciso mencionar que no fue sino en el exilio que pudo ver publicada su obra debido a la exclusión y persecución del castrismo. Su primer poemario, *La cara de la Guerra*, vio la luz en Madrid, en 1972; le siguió *Poemas del 42* (Madrid,1989); le siguió su novela corta En *la boca del lobo* (2004) que recibió el premio "Villanueva del Pardillo", en Madrid y luego, sus poemarios, *Cuaderno de La Habana*, (Madrid 2005); *Obra poética casi completa*, (Miami,2013) y *Contracorriente* (2017) que obtuvo el IV Premio Internacional de Poesía Pilar Fernández Labrador, en Salamanca, España.

Si bien el extenso quehacer literario y poético de la autora atraviesa diferentes etapas y hemos seleccionado poemas de algunas de ellas para ilustrarlo; hay constantes en su poesía que conviene apuntar. En primer lugar, sus memorias; su añoranza por Cuba, familiares y amigos; luego el exilio, con profundo dolor y desgarramiento; el amor y el desamor; la protesta social audaz e irreverente y, en lo estructural de su poesía, el hábil rejuego entre el pasado y el presente, la reflexión y el sentimiento, su búsqueda incansable de la palabra precisa que le permitiera expresar su yo interior y a la vez comunicarse con el lector. Hay que añadir que su verso se aleja de la retórica y aunque nutrido de imágenes, metáforas y anáforas, entre otros recursos literarios, es un verso libre esencialmente reflexivo y directo. Su voz poética es fuerte y auténtica. Su creatividad no se pliega al rebuscamiento, se yergue limpia y sin ataduras formales…" Escribe una poesía despojada de ornamentos retóricos, en la cual la claridad no está exenta de misterio, ni reñida con la intensidad y la hondura".[13]

Los poemas a lo que me referiré, han sido seleccionados con toda intención porque resaltan valores que caracterizaban a la

---

[13] Espinosa Domínguez, Carlos. "Un hermoso legado postrero". Cubaencuentro, Aranjuez, 18/9/2020

autora y además reflejan algunos dilemas existenciales que afrontó
con dolor y honestidad durante su vida.

Quiero comenzar con su poema La Habana, si bien lo cubano
es un tema presente en toda su obra; este poema en particular es un
homenaje y a la vez una evocación de su ciudad de origen; es un
canto de amor y un grito de dolor por el abandono y por tanta
ignominia.

"(…) Como el amor/te adhieres en el alma con tu susurro
melancólico/…. transitada por miedos vestidos de paisano, te alzas
crepuscular, magnífica, maltrecha, /con tu belleza mórbida
embadurnada de consignas (…) permaneces, no obstante, con tus
muertos ilustres, /con tus medias palabras contra toda retórica,
/porque lo tuyo es resistir/Quiero decir amor/ pero digo La Habana,
su metáfora.[14]

En una ocasión se le preguntó el por qué dedicaba tanto
espacio a Cuba y sus memorias en su obra y contestó: "… su
presencia en mi literatura viene dada por imperativo categórico, no
por nostalgia. Es por responsabilidad, por no ser cómplice de esa
perversión moral, ética, histórica que está arrasando con el alma
de un pueblo. ¿Qué menos podemos hacer?[15] Parece decirnos,
el callarnos y el olvido, significan complicidad, sometimiento.

El amor y el desamor están también presentes en diversos momentos
de su obra. Sin caer en grandilocuencias, su fino aliento que
embellece tanto su lenguaje como el hondo mensaje que nos hace

---

[14] Moro, Lilliam. *Cuaderno de La Habana,* Fundación Cultural Olivar de Castillejo,
Madrid, 2005

[15] Columbié Ena, Por su premio por *Contracorriente,* en El Nuevo Herald, 11 de
enero 2018

llegar, nos envuelve de esperanza o decepción. Un digno ejemplo de madurez poética y libertad creativa es este fragmento: "Cuando acaricio tu cabello, a tientas, doy con tu soledad, doy con las ganas de algo que quiso ser de alguien que junta los trocitos de otro día perdido." [16]

De su libro *Contracorriente*[17], me referiré a varios de sus poemas que nos permitirán acercarnos a otras constantes en su obra. Uno de estos temas es su activismo social en defensa de los derechos humanos y en contra de las desigualdades y discriminación. Empezaré por mencionar su poema La mas fermosa, donde claramente se rebela contra el ancestral estereotipo femenino y va en busca del ser humano, de la mujer detrás de la envoltura, cuando dice: "Ese rostro que ves en el Espejo no es el tuyo/Mírate bien:/… Una vez que te hallas descubierto/abrázate como si fueras la madre de ti misma…, /Y rompe los espejos". Hace un llamado a la confianza en nosotros mismos, a la importancia de la autoestima. Rompe barreras y abre puertas, sobre todo a la mujer.

Al referirme a este compromiso social de Lilliam, no es posible pasar por alto un poema que es tal vez uno de los más desgarradores porque denuncia uno de los crímenes mas atroces del castrismo y al que tituló Viaje al Horror[18] (…) **cuando piden clemencia y les responden riendo "que se mueran" —muerte por agua— y empiezan a contarse los cuerpos bocarriba, a la deriva, entre ellos diez niños como sueños flotantes. (…) ¿Cómo quedamos,**

---

[16]Moro, Lilliam. *Poemas del 42,* Madrid, Playor, 1989

[17]Moro, Lilliam *Contracorriente,* Diputación de Salamanca, 2017 18

Moro, Lilliam. *Viaje al Horror,* Editorial Betania, Madrid 2018

(Hundimiento del Remolcador, 13 de marzo)

Señor, los que lo recordamos en cada aniversario y echamos espuma
por la boca escribiendo poemas y no podemos arrancar esa página
infame de los libros de historia ni concederles la resurrección? Se
rebela la sensibilidad de la poeta y el ser humano ante tanto crimen
impune e insiste nuevamente, en que no quede sepultado en el
olvido.

Al exilio, sus causas, y consecuencias dedicó gran parte de su
obra. Nunca pudo sanar esas heridas. "la palabra olvido es crucial en
esta poesía que nace del margen, del exilio. La patria es algo que
significa reconocimiento, intimidad, en cambio el exilio es la
diáspora, la dispersión, el olvido."[19]

Al retomar Contracorriente, en uno de los poemas contenidos
en la sección de homenajes, donde rinde sentido tributo a los que no
llegaron, a los que perdieron sus sueños y la vida, en el intento.
La poeta con trazos firmes, llenos de sensibilidad, retrata la
búsqueda de una salida, la desesperación y la frustración de tantos
cubanos que yacen en el fondo del mar. Se trata de su poema Los
náufragos, "(…) Todos aquellos que nadaron/ y no llegaron a
ninguna parte/ porque los devolvieron enseguida. // Todos los que
arribaron a las playas/ de la tierra prometida pero inertes, / boca
abajo, con arena en la boca. // (…) Los que dejaron una familia
esperanzada/ diciendo adiós desde la costa. /" Las anáforas e
imágenes dan fuerza a su verso que llega golpeando nuestro ser.

Otra de las constantes en su obra es su preocupación por el
perfeccionamiento de su labor como poeta. La búsqueda incansable

---

[19] Barrionuevo Ruiz, Carmen. Ensayo "Tiempo y Memoria en la poesía de
Lilliam Moro". Crear en Salamanca, 2017

de la palabra exacta, del verso capaz de expresar con claridad tanto la reflexión como el sentimiento. Y a la vez, lograr la comunicación anhelada con el lector. Esta angustia por la depuración de su verso y a la vez por la renovación se refleja en las distintas etapas de su producción poética, pero alcanza su plenitud en los libros contenidos en su Obra poética casi completa (1963-2013) y especialmente en el libro Tabla de Salvación, adicionado en el 2018.

De ese libro, quiero retomar su poema Arte poética,[20] el cual nos muestra este andar infinito de la poeta en el dominio de la palabra, en búsqueda de la perfección, cuando nos dice "…porque hay un verso único, inencontrable, /al que solo la furia luminosa puede tener acceso:/un destello que ciegue, /que contenga el misterio/y que nos corte la respiración".

Quiero dejar una pequeña acotación personal respecto a ese último verso, y es que ciertamente, cuando me acerqué por vez primera a su poesía, tuve esa sensación. Recuerdo que más de una vez, tuve que parar en la lectura e inhalar hondo.

De esta obra, me seduce también el aire provocativo y sugerente que se respira en su poema Al paciente lector, "Sin pedirte permiso/y a penas sin gramática/ irrumpo ante tus ojos/con la caricia del lirismo/ o con la bofetada del dolor". No cabe duda de que lo logra, con un derroche de poesía renovada y de la buena.

No podría cerrar este apretado recorrido por la obra poética de Lilliam Moro, sin rendir tributo a una de sus virtudes más encomiables, me refiero a su lealtad, a su profundo sentido del valor de la amistad. Este sentir se refleja en toda su poesía, en sus homenajes tanto a cubanos como a personalidades destacadas de las

---

[20] Moro, Lilliam Tabla de Salvación, Editorial Betania, Madrid, 2018

letras y del quehacer universal. Todos sabemos que no es fácil
encontrar en nuestro camino amigos verdaderos, entrañables. Lilliam
lo sabía, porque ella lo fue, y así nos lo hace saber en su poema
"Amigo":

"(…) Siempre que pronunciamos esa corta palabra/se abren de par
en par las puertas y salen las bienaventuranzas, las sonrisas que se
creían perdidas, /la mano imprescindible/que estrechamos como un
ritual de iniciación/en estos tiempos tumultuosos/para que nos
proteja del olvido."[21]

Cierto, estimada poeta, hoy más que nunca necesitamos de
esa mano imprescindible. Mas no temas al olvido. Tu poesía es
inmortal. Esa poesía verdadera que nos legaste cuajada de vivencias
y autenticidad vivirá por siempre en nuestra memoria y en nuestros
corazones.

---

[21] Moro, Lilliam, *Contracorriente*, (Salamanca, 2017)

DE LEÓN DE LA HOZ

LILLIAM MORO, CON VOZ DE ÁNGEL

Acabo de saber que la poeta Lilliam Moro ha fallecido poco después de haber cumplido 74 años. Hace unos días estuve con ella en la casa que compartía con su pareja. Fui a darle un abrazo que me dijo sería sanador, una forma poética de obligarme a hacer un hueco en mi agenda, sin embargo, sabíamos que nada se podía hacer por conservarla entre nosotros y poder encontrarnos otra vez. La forma en que me lo pidió y el tipo de abrazo me hizo pensar que también ya sabía que no había solución y por eso nos pasamos el tiempo hablando de milagros, de los milagros que ya habían sucedido en su vida y el milagro de la poesía. Fue una tarde hermosa, tierna y mágica en la que la conversación iba y volvía sobre la vida, la sobrevida y la poesía, como si todo fuera posible a pesar de que esta vez las cartas estaban marcadas. Es difícil hablar de la vida cuando el interlocutor sabe que va a morir, sin embargo, ella parecía la persona que se iba a levantar para despedirse y volver más tarde a ver si todavía estábamos entre los vivos. Fue Julia quien nos devolvió a la realidad a la hora de irnos, lo que habíamos visto era un acto poético, ya Lilliam había subido a ese tren fantasmagórico que en su poema "Tarde de domingo" cruza un puente invisible en una tarde que pronto llegará a la noche. Quizás si nos hubiéramos quedado conversando la tarde habría impedido que llegara esa noche, el fin no habría llegado, nunca lo sabremos; de lo que sí estoy seguro es que aquellas palabras continuarán en el silencio fecundo de su poesía.

En la mano tengo el libro que me dejó en cuanto nos vimos, *El silencio y la furia* (Ed. Ultramar, Miami 2017), prólogo de Luis de la Paz. No es su última obra, pero sí lo es para mí. Yo hubiera querido escribir una reseña antes de que no pudiera leerla, unas palabras de elogio merecido y justo para un buen libro y una poeta que lo merece, pero no tuvimos tiempo. La buena poesía puede que no sepamos bien en qué consiste, pero sí sabemos lo que es y a veces descubrimos dónde está, aunque siempre sabemos quién es capaz de hacerla, es el caso de Lilliam. Los buenos poetas como Lilliam son como los agricultores tradicionales, conocen cómo, qué y cuándo sembrar, e incluso cuando por alguna razón la cosecha no es la deseada podemos ver detrás de cada fruto el arte que no todos dominan. Este libro es de esos buenos libros con algunos poemas excelentes, antológicos para los exigentes como los largos "El silencio y la furia" y "Rompiendo el aire" que ocupan gran parte del poemario", más "Tarde de domingo". Es un libro breve para el cual le bastan esos poemas con los cuales suma la diferencia suficiente con la poesía que indiscriminadamente nos aplasta últimamente con frivolidades urbanas, y eso podría ser suficiente. A diferencia de la narrativa el poema no puede darse el lujo de lo intrascendente, aunque esto se haya vuelto lo trascendente en gran parte de la poesía, sobre todo desde la segunda mitad del siglo XX con la irrupción desmesurada de lo cotidiano y la frivolidad de revivirlo en lo conversacional. La poesía de Lilliam había aprovechado esa tradición de comunicación que estaba en El Puente y los otros para traspasar lo cotidiano con lo que ella llamaba el silencio, por eso no dudé en seleccionarla en mi antología *La poesía de las dos orillas. Cuba (1959-1993)*, incluso cuando aún no había publicado sus mejores libros.

Lilliam se ha ido, aquella fue la última vez que nos vimos, no obstante, todavía podremos seguir con ella en los amigos comunes en los que siempre nos apoyamos para superar los malos momentos, y también en el rastro que deja el silencio sonoro de la buena poesía, como ella misma dijera al final de *El silencio y la furia*: "La palabra es humana. / El silencio es del ángel".

Escuchemos al ángel Moro, que Lilliam descanse en paz.

15 marzo, 2020.

DE STEFANIA DI LEO

FLOTANDO CONTRACORRIENTE:
ACERCAMIENTO A LA OBRA POÉTICA DE LILLIAM MORO

De Lilliam Moro siempre me ha atraído la sublime belleza de su poesía, producto que es inspiración de altura y, sin embargo, al mismo tiempo esplendor de cotidianeidad. La mueve esa inevitable intensidad de su forma de ser que ha caracterizado su corta vida. Su afición a la escritura fue el medio idóneo para expresar el sufrimiento por el exilio, vehículo ya común a partir de los tiempos de Cicerón[22]

Lilliam Moro nos anticipa ese toque estético que contrasta con la fugacidad de la vida: el exilio, los viajes, el amor, la nostalgia, elementos básicos siempre presentes en su fascinante y atormentada biografía. La Belleza, más que cualquier otra cosa, es la piedra angular de su poesía, porque nos lleva a dar un soplo de eternidad a todo lo que es pasajero. Nos transmite todo un sentimiento heroico, un gusto por la proyección mítica (incluso mitológica) de la propia persona que ya es un componente plenamente romántico que asociamos con la exaltación del sujeto y su interioridad.

En la tradición literaria mundial de ilustres despatriados (Ovidio, Cicerón, Dante) el exiliado lo es precisamente por su condición de desarraigado, el que puede hablar sin restricciones y por tanto puede decir la verdad. Esta instancia de pureza, acreditada también por la condición desarraigada de Lilliam Moro, combinó

---

[22] (*Ego vivo miserrimus et maximo dolore conficior. Ad te quid scribam nescio. Si enim es Romae, iam me adsequi non potes; sin es in via, cum eris me coram agemus quae erunt agenda.* Data VIII Id. Apr. Thuri.)

perfectamente con la perspectiva de actuar como una poeta-vate del mundo contemporáneo. Concedamos que, para más de un poeta, el riesgo de hundirse en el olvido es común. Platón ya había captado una relación entre nostalgia y reminiscencia, entre memoria y recuerdo: relación resaltada, además, por la propia etimología del término, que designa una esfera de sentimientos en relación con la memoria, el recuerdo. No basta con decir que la nostalgia se compone de recuerdos irrevocables, sellados en el pasado: para Lilliam Moro el exilio supuso la pérdida del sentido de pertenecer a una nación y, por lo tanto, la defensa absoluta de su identidad poética y espiritual, característica que conlleva un peso que cala las profundidades del ser. No olvidemos que, entre otros componentes de similar envergadura, la poeta habla el idioma de la fantasía y de la imaginación, pero además habla el idioma de la patria. Aquellos que están separados de su entorno, inevitablemente también están separados del amor a la tierra-madre. De ahí que su condición sea vivir en un perenne estado existencial marcado por la nostálgia.[23] Así lo manifiesta en este segmento:

<< *Oh ciudad dibujada con volutas de humo, /movida por el son que conjura la muerte, /nacida de la cópula del sueño de unos*

---

23 *Poesía cubana: La isla entera*, (1995), de Felipe Lázaro y Bladimir Zamora. Los pooetas cubanos que han residido, o residen aún, en España, incluidos en esas antologías son Gastón Baquero (1918-97), Rolando Campíns, León de la Hoz, David Lago, Alberto Lauro, Felipe Lázaro, José Mario, Lilliam Moro, Isel Rivero y Pío Serrano. El más reciente esfuerzo antológico de carácter inclusivo, La isla en su tinta, incluye, además de algunos de los anteriores, a María Elena CruzVarela, Ramón Fernández Larrea, Rolando Sánchez Mejías y Manuel Díaz Martínez. Otros poetas cubano- españoles destacados son: Ladislao Aguado, Jorge Luis Arcos, Roberto Cazorla, Elena Clavijo Pérez, Evelio Domínguez, Orlando Fondevila, Santiago Méndez Alpízar, Antonio José Ponte, Raúl Rivero y Jorge Tamargo González.

dioses:/ángel de la bahía, /alas empegotadas de melaza y penuria, /vulgaridad y alcohol, /permaneces, no obstante, con tus muertos ilustres, /con tus medias palabras contra toda retórica, /porque lo tuyo es resistir. /Quiero decir amor, pero digo La Habana, /su metáfora.>>[24].

La nostalgia ha acompañado la existencia de Lilliam, sin doblegar su libertad y consistencia moral y sin afectar su afable, fascinante ironía, que la hace parecer a esos personajes modestos, respetuosos y hasta descaradamente indestructibles de la literatura, a quienes todo les sale mal, pero a los que nada se quiebra, y a quien la fe le ha enseñado a reírse del mundo, aunque a menudo éste sea tan terrible.

A veces, cuando escribes, también terminas viviendo, en un estilo codificado, que nace para escapar de las mallas de una tiranía política y se convierte en una forma de ser, un desvío para romper las mallas de todo poder, incluso el poder gelatinoso de las sociedades en las que, a la manera de Dostoevski, "todo está permitido". Entonces hay que esconder la nostalgia en la fantasía, enmascararla en un plano ficticio; de ahí que nuestra poeta a menudo se refugie en un mundo ideal, en una creencia cíclica del universo y del vivir.

---

[24] El enclave madrileño, incrementado con el pasar del tiempo, es autor de un telar poético amplio, recio, y de singular urdimbre. Entre los poetas cubanoespañoles integrantes de "El Puente." Esta generación, agrupada alrededor de las Ediciones a la revolución, se rebela contra el autoritarismo cultural. Dos poetas cubanos residentes en Madrid, David Lago y Felipe Lázaro, contribuyen, definitoria y substancialmente, a la consolidación de la poesía cubana.

En el poema "Meditaciones de Odiseo," *Lilliam nos dice: "Para ti todo ha terminado. / Ya sólo eres un hombre que muy pocos recuerdan. / Ha sonado el portazo de Dios / y estás del otro lado".* Vemos cómo el tema del exilio se vincula con a los conceptos patria y fe, unidos por el motivo del desembarco imposible, del desarraigo real, que libera a la poeta de cualquier tentación de compromiso y mediación, condición que la hace elegida, pura.

La producción poética de Lilliam Moro está llena de temas clásicos y sensualidad expresiva, colores, imágenes que se grabaron de forma peculiar en su imaginario, como las olas brillantes, las nubes límpidas y el verde de las hojas, en fin, todo aquello filtrado a través de su la imaginación que da cuerpo al mito. Veamos el poema dedicado a la pintoresca Ofelia: *Ofelia flota sobre las aguas verdes, / su cabello enredado entre nenúfares, /los juncos de la orilla.* En los versos se puede ver con una nitidez deslumbrante, el tema escondido: la nostalgia. Las tres negaciones en el clímax se reanudan como si retomaran algún razonamiento subterráneo que irrumpe en el *incipit,* dejando atrás toda la parte implícita: la presencia del nihilismo en la vida de la poeta. El agua genera y engulle en un ciclo sin fin, y es probable que aquí Lilliam Moro evoque un pasaje *lucreciano.*[25] El parecido es grande, quizás gracias a la presencia de las "orillas bañadas de luz" que recuerdan a Venus, emblema de la belleza, del amor y de la gracia.

El poemario que más me impacta de Lilliam es *El silencio y la furia.* El silencio tiene un sonido especial, -la palabra poética-, y la furia son la fuerza creadora de este poemario de Lilliam Moro, en donde el tiempo se vuelve circular, marcando la persistencia de lo efímero. Poemario de gran interioridad en donde sobresale el grito

---

[25] (Lucrecio, *De Rerum natura*, V, 222-225).

humano a favor de la diferencia, y en donde están presentes dos conceptos dicotómicos (el bien y el mal, la justicia y la injusticia). La variedad y la riqueza temática, la eternidad y la celebración de España (Castilla, tierra entrañable para la autora) están presentes en el poema *Homenaje al Lazarillo de Tormes*. En pocas pinceladas, la poeta convierte a las vicisitudes del protagonista [o agonista] en una precisa epopeya del hambre. El poema recoge en sí muchas metáforas extraídas del entorno ibérico, para brindarnos un cúmulo de profunda sensibilidad donde, para citar un ejemplo, los panes robados tienen la cara de Dios.

—(A Carmen Ruiz Barrionuevo) Aprendiste enseguida unos cuantos ardides: a recontar las uvas para engañar al ciego,a robar unos panes con la cara de Dios. Al final, pregonero de tus propias vilezas. Todo menos sentir, una vez más,el hambre de los justos y tu cabeza contra un toro de piedra.—

"Si todo el tiempo está eternamente presente/ todo el tiempo es irredimible". Este concepto temporal enunciado por Eliot se manifiesta a lo largo del poemario cuya temática es "Cuidado con la injusticia." Es la expresión que más logra condensar la poesía de Lilliam Moro: la condición del hombre, que no es capaz de captar el último secreto de las cosas. Se objetiva en una serie de imágenes con un expresionismo poderoso, que universaliza el sentimiento del ego. Los únicos modos de salvación son *Vivir de forma plena* y *En pleno vuelo*. Quizás sean apenas apariencias de epifanía y símbolos de la «indiferencia divina» que le dan al hombre un momento de éxtasis desatado por los lazos del Tiempo. Otro tema muy importante de este libro es el tema de la memoria. Muchos de los intelectuales de este y el pasado siglo que han dejado sus huellas en la filosofía y la literatura mundial han hablado de esa entidad que llamamos memoria. Eric Hobsbawm, por ejemplo, a menudo dijo: «protesta contra el olvido»; cuyo sentir se acerca mucho al de Lilliam Moro. En la poesía de esta última se aprecia también una gran influencia del escritor Umberto Eco, particularmente cuando aborda el tema de la memoria y de la existencia, como quizás muestra esta cita: *Memoria e identidad... Nosotros, en lo que podemos decir «yo», somos nuestra memoria. Es decir, la memoria es el alma. Si uno pierde totalmente su memoria, se convierte en un vegetal y ya no tiene el alma. Incluso desde el punto de vista de un creyente, no creo que el infierno tenga sentido si te quedas sin memoria. El sufrimiento se debe al hecho de recordar continuamente el mal que se ha hecho. El Cielo —Dante ya nos lo ha explicado— es el recuerdo de todo, todo se lee, todo se sabe. Somos nuestra memoria. Esto hace que nuestra vida sea fascinante porque con el avance, con el envejecimiento, los recuerdos antiguos se recuperan.* De su parte, nuestra poeta alude a una memoria proyectada al porvenir, y nos lleva hacia la incertidumbre eterna:

Hoy por hoy me pesa la memoria:/déjame convivir en paz con los recuerdos /ese montón de nimiedades que se niega a morir /y que perdura hasta el final de los finales. / ¿Pero de qué final estoy hablando? / ¿Quién puede asegurarnos que hay un término/ y no un perseverar enloquecido en otra dimensión/ donde continuaremos arrastrando/las miserables pretensiones/que nos trajeron hasta aquí, /a esta pausa engañosa que llamamos la vida?

Concluyo entonces, que para Lilliam Moro la memoria es el lugar del caos: "El miedo se hizo cargo de nosotras", nos dice en el momento de tomar la irrefutable y concluyente decisión de emigrar, de levantar el ancla y a fin departir por siempre de una pretendida isla de comunista felicidad y expresar, con lágrimas clandestinas de adiós, que empapan el verso para siempre. Madrid y Ávila, las dos

Castillas, le extendieron calles, plazas, cafeterías, puentes y murallas, acogieron con calidez a la poeta que cargada de versos y dudas se inventó una vida diferente a la de su isla caribeña:

Cuando aquella primavera anduve la ciudad/Y caminé por sus calles ordenadas y limpias/Mientras un aire ligeramente frío/Susurraba en mi rostro, /de pronto presentí lo que llaman futuro/ ... (Lo que vino después es otra historia).

Como en la obra de Luigi Pirandello, el amor es un eterno flujo que nunca acaba. Imaginemos un flujo infinito al final del tiempo se convierte en una forma, el encenderse de una vida, en el nudo de la existencia. Este cierre puede parecer la muerte, un conjunto de sentidos que cautiva un flujo eterno. Y lo inmóvil, lo silencioso, habla el lenguaje de un nuevo amanecer quizás hacia una nueva vida. Este nudo, estas interrogaciones entre *Eros* y *Thanatos,* los contemplamos en el hacerse y deshacerse de la materia, en el porvenir de las primaveras, que han encontrado una posible respuesta en la religión. Lo que más asusta y a la vez fascina a Lilliam Moro es la muerte, con su secreto arcano, que vive en nosotros desde el principio de la existencia. Silencio para la escritora no es solo sinónimo de quietud, paz, sosiego, calma, belleza, sino también es descanso eterno.

En el poemario *El Silencio y la Furia,* el tiempo pasa, nos recuerda que vamos y no volvemos. Los lectores tenemos que comprender que el misterio de la vida reside en el valor. Es que todavía no entendemos quién queremos ser, o mejor dicho, para la sociedad, todavía no sabemos quién podemos ser. El tiempo pasa, y con él todos los sueños que son mayores de edad, el tiempo pasa y con él la energía aumenta, porque él pasa, pero nosotros nos volvemos fuertes. Gran parte del tiempo sabemos que lo hemos perdido, detrás de los temores, de las responsabilidades que tenían nuestro mismo apellido, pero no nuestro nombre.

Ese olor a después el último libro de poemas de Lilliam Moro nos deja una vez más sin aliento. Fiel a su estilo, es una poesía infinita, escrita para toda la humanidad desde el alma. La poesía es lo que nos va a convertir eternos, en estas fechas tan convulsas, necesitamos a poetas gran grandes como a Lilliam *Moro*. Son páginas permeadas de una aflicción que, sin embargo, nunca se hace llorosa ni imprecatoria: *¿Por qué te me apareces cuando estaba segura/ de que ya te habías ido/ con todo el equipaje de la desolación? / Amar es fácil, / lo difícil es arrancar los restos del amor/ cuando se quedan impregnados/ entre pecho y espalda.*

"El viaje al fondo de sí mismo", el texto más extenso de todo el libro es una suerte de recapitulación de quien es consciente de que "el viaje exterior ha llegado a su fin" y *comienza entonces ese viaje final/ a no se sabe dónde/ ese dónde que está en un fondo profundo/ y que se nos resiste como un amor fatal.* Ese tono reposado y meditativo está presente también en "La vida es así", "Las nubes" y "Por si acaso mañana", en los cuales se proyecta una visión apesadumbrada, pero que está atemperada por una apacible melancolía.

Para mí, querida Lilliam, nunca empezaste este viaje. Y yo, amiga del alma, sigo viéndote entre nubes, te siento en la mente, sigo llamando tu nombre, y la paz me responde. Tú sigues estando cerca. Aquí, detrás de la pantalla, seguimos dialogando cada amanecer, en todas las mañanas. Hasta que el abrazo del cielo, a las dos nos ampare, y nos reúna.

DE ÁLVARO MATA GUILLÉ

LILLIAM MORO: AL FONDO DE UNO MISMO

Convivir con la extrañeza, con la del otro o la otra, con la nuestra o con la que impregna el entorno, nos obliga a coexistir con lo plural: a buscarnos en la otra voz, en lo distinto, en lo ajeno, en el misterio que habita y envuelve cada cosa, obligándonos también a construir un lenguaje —como especie o como personas— que dé sentido al porqué de nuestro estar aquí, que justifique los estertores de nuestro cuerpo y la incertidumbre ante la inmensidad que subyace bajo la bóveda de piedra, que revise constantemente nuestras creencias, lo posible o lo imposible de nuestras ideas, viendo y palpando nuestra piel, lo que somos, suponiendo que sabemos lo que somos, aunque al hacerlo tengamos para ello que gritar y nada se escuche, sólo el mutismo del entorno que retorna, sólo la monotonía de un día tras otro diluido en lo efímero, sólo la angustia que brota como gotas enfrentándose a lo incierto de no saber todavía a dónde nos iremos o de dónde venimos, qué es lo otro, qué es aquello, quiénes somos, más allá de la certeza que propicia la niebla, la lluvia que humedece la noche, el polvo, los huesos.

La extrañeza —verla-palparla— es el núcleo vital que posibilita, desde la casa del silencio donde nos perfeccionamos, desde las sombras que entretelan el origen —desde el fondo del túnel de uno mismo—, interrogar los espejos que arropan el lenguaje —la realidad, lo normal, las reglas— e intentar construir un rostro, el rostro de cada uno con su mirada, su sentir, sus escondrijos. Es una conversación que ocurre desde adentro, nos dice Liliam, sumida en la quietud o el rubor del otro que somos, del otro que asoma en cada intención o gesto, procurando, en ese ejercicio que retorna al origen, al que llamamos también poesía, canto o teatro, reencontrarnos, volviendo a lo primario, dejando de lado retóricas, el manoseo o la impostura, el engolosinamiento del ego, los dogmas de las religiones o las ideologías, que paralizan los nombres, los corroen, los pervierten.

La convivencia –con el yo, el vos, el nosotros– es un hecho de la existencia, una práctica vivencial, un vínculo con la memoria, aunque la memoria sea el lugar del caos, nos insiste Liliam, el antes del lenguaje que enfrenta (consecuencia del disentir de nuestras preguntas, las diversas voces que emanan de nuestro cuerpo) a las verdades únicas que como monolitos intentan detener el tiempo, a la mirada del déspota que convierte todo en lo mismo, pues se olvidan –las verdades, el déspota, los dogmas sentimentales o los que dictan los tiranos– de nuestro tránsito, de nuestro ir de una sombra a otra, olvidándose de nuestra inmersión en el titubeo que acecha entre las sombras, como lo sabía Liliam Moro y lo decía, también sabiendo que debemos decidir –ella, nosotros, aquella, el de al lado, porque se decide siempre aunque nos distraigamos a veces con lo eterno) el permanecer.

En el silencio nos perfeccionamos, allá, en la otra orilla donde nace la poesía y el ritual redescubre el mito, es decir, el lugar que desnuda al lenguaje uniéndose al sentir y a la significación del grito que se sabe solo ante la bóveda de piedra, ante el recuerdo poblado de voces de ancestros y otros recuerdos; en el allá, ante el abismo que se abre con su inmensidad de sombra, el lugar donde emerge el lenguaje y nos reencontramos con los nombres, en el fondo del túnel de uno mismo al que regresamos palpando nuestra orfandad, cuando escribimos, cuando leemos, cuando dejamos de teorizar y cantamos. Pero Liliam, el silencio, lo sabías, lo viviste, tiene dos rostros: el de nuestra voz en la otra orilla que palpa nuevamente los nombres en lo plural y el del mausoleo, el de las lápidas que procuran las dictaduras, en la oscuridad que habita los cementerios. En uno nos buscamos regresando al origen para conciliarnos, perfeccionándonos en el antes, donde emerge poesía –danza, canto, el teatro– y nos exploramos procurando ser libres, asumir el pensamiento y el sentir de nuestra voz y ser otros, ser otras, ser nosotros, y el silencio del horror que creíamos ya había pasado de moda y para salvarnos, los buenos que se dicen salvarnos, nos mutilan, nos suprimen, nos olvidan; el silencio del horror que imponen las dictaduras –estas, aquellas, rojas, negras, verdes, amarillas– que con su odio a lo diferente, acalla al otro (a la otra), por su voz, por su deseo, por su mirar distinto, vistiéndose también de otros nombres: del mutismo que conlleva el exilio, de la censura con su miedo que momifica el rostro y detiene el grito, de la exclusión –la del humo, los crematorios, las fosas– que obliga a enmudecer, a olvidar.

Y entonces, en ese entonces cuando todo pasa sin pasar, el presente se hacía aire entre las manos, cuando vivíamos creyéndonos eternos, morían nuestros gatos y nuestras convicciones, y no nos dábamos cuenta tampoco, en ese transcurrir junto a la extrañeza y a la búsqueda de uno mismo, que el silencio y lo eterno se abrazaban, que lo eterno no es una abstracción que solamente ocurre en el cielo o el infierno, en la idolatría de las religiones, las tiranías, los padres o madres, que pretenden paralizar –eternizar– lo que acontece petrificando la pluralidad en el dogma, sometiéndolo –intentando someternos– a una sola imagen, a una sola idea, a un solo credo que hace del instante un único instante que se repite y es el mismo siempre, la castración del tiempo detenida sin tiempo, la quietud sin cambio, sin que nada se transforme, pues no hay preguntas ni dudas, tampoco lo distinto, pues en el mundo del totalitarismo, lo mismo es siempre lo mismo. Pero decía que el silencio y lo eterno se abrazan, y aunque busquemos o dudemos, como bien contás en tus libros, sin saber de dónde venimos o a dónde vamos, inmersos en la incertidumbre y el caos, hay un momento –antes, después de que ocurre cualquier cosa– que percibimos, cuando ya no queda tiempo para cambiar el mundo y mucho menos cambiarnos a nosotros, que lo que somos se vestirá de noche y las sombras cubrirán los días, nublarán las horas, para siempre, en lo eterno.

Hasta pronto Liliam, un abrazo que vaya más allá del destello, más allá del recuerdo.

DE SERGIO DE LOS REYES

ALQUIMIA POÉTICA

El agua es el espíritu y ella extrae el alma de los cuerpos.

(Rosarivm Philosophorvm)

La verdadera poesía debe extraer lo que habita en la materia. Como un alquimista, el poeta se transformará en lo contemplado hasta llegar con suavidad al centro ígneo, donde el poema se hace aliento y alma universal. La palabra es el vehículo; el ritmo, el combustible; la imaginación, el camino acertado. Lilliam Moro no ignora el dogma hermético. Afila las palabras como un cuchillo que cortará el telón de lo invisible hasta alcanzar el aire de la imagen.

Su poema "Ana Magdalena Bach" es uno de los mejores ejemplos de alquimia poética de la lengua española. Lilliam juega con el mito de lo femenino, que representa el misterio profundo del inconsciente, y con el mito de lo masculino, que representa la conciencia y lo espiritual, para llevarnos por una escalera ascendente al reflejo Divino, personificado en la densa claridad que envuelve a J.S. Bach. Ella sube despacio la escalera, peldaño tras peldaño con sigilo para evitar que la madera cruja. Nos sobrecoge el temor de que la frágil madera rompa al crujir el ritmo de la estrofa. Tres versos deliciosamente permeados de simbolismo: Ella, como dije antes, representa el misterio de lo humano, el universo de lo inexplorado, la fuente inagotable de la esencia de la vida. Ella es Tierra, madre de las criaturas y las plantas, sostén del agua, tumba de los cuerpos, Hades a donde deben viajar los mortales para ser héroes bajo la luz del sol. Ella es el inicio de los tiempos, Eva contemplando el árbol antes de arrancar la fruta, el caos flotando en el espacio, los elementos imprescindibles para crear la materia, contraparte del balance y del justo medio. Seguidamente, la palabra sube nos coloca desde el primer momento en una escala de virtudes y valores. No es un secreto que ascender no es sólo una aspiración espiritual, sino también un instinto de sobre-vivencia frente a los embates de la realidad. Todo quiere llegar a la cima de su jerarquía. La existencia nos coloca en esa lucha. Es la naturaleza de las cosas. Pero los poetas como Lilliam Moro usan esta metáfora para fines más sublimes. Buscan la ascensión del alma, la perfección del poema. Lilliam quiere que subamos también, que elevemos el corazón para alcanzar el misterio de la fe, única forma de intuir la quintaesencia de lo que no será expresado con palabras. El adverbio despacio es todo un acierto. El alma, como el agua, se purifica con el roce suave de las piedras. Es un trabajo que requiere de mucha calma, paciencia y humildad. Es un trabajo como los de Hércules, quien no en vano, durante su adolescencia eligió a la dama que le ofrecía el camino más largo y tortuoso. Despacio como el éter, el humo, el nacimiento de la voz propia o la purificación de los metales. Como el oro o el perfume, el poema no se logra sin un proceso de numerosas filtraciones. La escalera es el símbolo por excelencia del ascenso o del descenso (Jacob sueña con una escalera por donde bajan y suben ángeles), pero en este caso es elegida sólo como herramienta para la elevación y la progresión hacia el saber. Los altares requieren de peldaños; los grandes templos, como el Partenón, están en lo alto y hay que llegar a ellos luego de un sendero en subida; los masones adoptan la escalera para llegar al mundo del conocimiento; Osiris, para escapar del espíritu de la Oscuridad; Durero, para armonizar su grabado sobre la Melancolía. ...peldaño tras peldaño con sigilo... nos dice la poeta y tal parece que nos va dibujando una pirámide escalonada como la de Teotihuacán, en cuya punta nace el sol. Es un verso agotador que nos depura al leerlo. Y entonces Lilliam cierra la primera estrofa con ese verso estremecedor: para evitar que la madera cruja, que nos deja en un hilo de silencio como los padres que recién han puesto al bebé sobre la cuna y tienen miedo hasta del sonido de sus propias respiraciones. La mínima resonancia quebraría el equilibrio. Él trabaja en el cuarto de arriba, componiendo. La metáfora en este caso es inmejorable. Todo el que escribe busca a Dios, sobre todo el que escribe poesía, porque la poesía es la voz muda y simbólica del universo. Todos conocemos la música de las esferas de que tanto hablaban los gnósticos y filósofos de la Antigüedad. Como hoy vivimos con los oídos obturados por el ruido de la modernidad, sólo escuchamos los gritos de la especie humana al borde de un puente en el ocaso. Lilliam parece que escucha esa música celestial, las vibraciones eternas, la melodía en el espacio; como Bach ante el pentagrama, ella se transfigura, a través de la abstracción poética, en la mismísima Divinidad. En un solo verso, Lilliam nos muestra el yang, el principio masculino del taoísmo, que representa el cielo y la luz. Y allí, usando la imaginación, la poeta nos coloca en ese cuarto misterio, que es taller o laboratorio, donde se extrae la figura de una piedra o se mezclan los compuestos de una fórmula. Casi vemos a Dios laborando en su creación. Si el pronombre Él no hubiese estado al principio del verso, tal vez Lilliam lo habría escrito con mayúscula también. Ella le lleva la modesta cena, pero no quiere distraerlo, que no se sobresalte, no vaya a ser que huya desconcertada la celestial inspiración. Regresamos al plano humano nuevamente, pero en este caso, Ella, el misterio, ha ascendido tanto que ha llegado al plano más alto de la conciencia, para comprender que no debe distraer ni espantar a "Eso" que está más allá de sus límites. Ella reconoce y comprende que en lo más profundo de la mente humana hay una puerta, un pasadizo, un túnel comunicante entre el ser humano y el vasto universo. Es el manantial de la conciencia o, como prefiere llamarlo la poeta: la celestial inspiración. Ella, Ana Magdalena, sabe que, en ese preciso instante, J. S. Bach, el puente, está vestido con la luz más pura del espíritu. La Música y la Creación lo han poseído. Interrumpirle con lo mundano, que es la modesta cena, sería como despertar repentinamente a un niño de un agradable sueño. Por el espacio debajo de la puerta ve filtrarse la luz y la armonía: no sabe si es la vela que alumbra débilmente la estancia o la iluminación divina que lo envuelve. Lo imagina llenando el pentagrama dirigido por la mano de un ángel. Todo ángel es terrible, dice J.M. Rilke, quien conocía perfectamente de esos seres que dirigen las manos de los compositores, los pintores o los poetas más insignes. Vemos a J.S. Bach, en este poema de Lilliam Moro, abrazado por un ángel enorme que le susurra melodías al oído; y el músico va dejando caer matemáticamente las notas en el papel. Incluso vemos el color oscuro de los signos musicales, que brillan húmedos frente a la luz de la vela que alumbra débilmente la estancia. Los ángeles, tal vez por sentirse relegados por Dios cuando a escondidas creó al hombre, perturban o saludan la existencia humana. El ángel de J.S. Bach es una entidad de sustancia noble. Y, ¿por qué no cuarto y sí estancia en este caso? Porque Lilliam es una poeta y juega a llevarnos a través de la asociación sonora a otro estar, estado, estadio, estación, estancia de la mente. Para Ana Magdalena, que sólo intuye lo que acontece al otro de la puerta, la habitación es un cuarto; para J. S. Bach, arropado por el ángel de la inspiración, es una estancia. Nos sobrecoge también la imagen de la luz filtrándose por debajo de la puerta. Todo está oscuro, pero el presentimiento de que hay algo más que la mera existencia de las cosas, rasga la tiniebla; queda el lector detenido en la meditación, seducido por la insinuación de una luz mayor. La ranura se convierte en una grieta hacia un campo iluminado del amanecer. No se atreve a llamar. Coloca, silenciosa, la bandeja en el suelo. Aquí la fragilidad humana regresa al rito de las ofrendas, al agradecimiento por la vida y las bondades. Es humano errar, herir, pero agradecer es divino. Quien agradece, aunque sea en silencio, reconoce la espiritualidad en el hombre. Dar las gracias es una gracia que se le ha ofrecido a los mortales para armonizar con la existencia superior y así estar a tono con el viento, la nieve, el primer resplandor en el alba. No es casualidad que Marco Aurelio empezara sus Meditaciones con una larga lista de agradecimientos Ella, Ana Magdalena Bach, deja la modesta cena frente a la puerta como el hombre primitivo dejaba sus sacrificios a la entrada de las cuevas, para que las cosechas fueran abundantes y para honrar a los dioses por la buena salud y el nacimiento de hijos fuertes. Pero a la vez, esta bandeja frente a la luz y la armonía nos recuerda la entrega, la aceptación de Ella, ahora como Virgen María, frente al arcángel Gabriel que trae, como un Hermes mensajero, la pregunta enviada por la Luz de las luces. Su cuerpo será receptáculo, vasija, ánfora donde se producirá la transfiguración del espíritu en materia, en este caso: la carne. La bandeja es lo que el cuerpo de Cristo al espíritu del Padre, forma material que contiene la sustancia líquida. *Ignora, en su inocencia, que a veces Dios está en la sopa caliente que se ofrece al otro lado de una puerta.* Y Lilliam Moro cierra, si es que cerrar es el verbo adecuado para unos versos tan abiertos, con una estrofa de juegos y alta reflexión; dice que Ana ignora, cuando ya sabemos que en realidad Ella intuye, con esa claridad más allá de los sentidos porque es la diosa Sofía, que del otro lado de la puerta está ocurriendo una apoteosis, una divinización del alma de su esposo en el momento más álgido de la inspiración; pero sabemos que la poeta nos quiere presentar unas manos de Ana llenas de inocencia, para así también purificar el alimento ofrecido: una sopa caliente donde a veces Dios está. La sopa caliente… Y, ¿no es el agua el ingrediente principal de una sopa? Y, ¿no es el agua un elemento imprescindible en la alquimia? Para la filosofía oculta, el agua es el espíritu… Agua y espíritu son lo mismo que, unido a la luz, forman el alma del mundo. La analogía entre el agua —el agua viva— y Dios es un hecho para la alquimia, como vemos mostrado en uno de los relatos de Isis, donde un ángel se presenta con recipientes en las manos, los cuales portan agua del Nilo, simbolizando el líquido los restos del despedazado Osiris: "Aquí te traigo los vasos con los miembros de Dios para que bebas de ellos…". Lo divino fluye en el agua. Pero sobre la sopa caliente vemos el humo subir, es el vapor: "El agua que va evaporándose en la ebullición transmite las primeras impresiones profundas de la metasomatosis, a saber, la transformación de lo corpóreo en lo incorpóreo, en el spiritus o el pneoma", dice Carl Jung en su escrito titulado Las visiones de Zósimo. El Opus magnum se ha logrado. Lilliam Moro extrajo de una aparente y sencilla anécdota entre Ana Magdalena y su esposo Bach, el alma viva en la materia, elemento principio y fin del poema.

HAMLET, OFELIA Y LILLIAM MORO

Sabíamos que Ofelia moriría joven. Estaba en su destino. Sin ese sacrificio, Hamlet no se hubiese "salvado" de su locura y de su terrible tormento. Ella era el símbolo de la ingenuidad del príncipe de Dinamarca, el lado demasiado cándido y virginal que ensombrece la toma de conciencia. Lo sabíamos. Ella debía morir como símbolo de resurrección.

Al principio de la obra de Shakespeare, vemos a un príncipe atribulado por la muerte repentina de su padre, el rey, cuyo fantasma recorre las murallas del castillo. Una conversación entre padre e hijo nos dice que el monarca ha sido asesinado y pide venganza.

Hamlet sufre: está dormido. Algo en él tiene que arder, morir, para resucitar y actuar antes de que sea demasiado tarde. Ofelia es la rosa que arde. Ella es llama, fuego y amor. Es la chispa que acabará con la duda de Hamlet, ofreciéndole la fuerza del despertar.

"Ofelia flota sobre las aguas verdes". Esto nos dice la poeta Lilliam Moro en la estrofa inicial de su poema llamado "Ofelia flota sobre las aguas verdes". Esta imagen nos coloca de inmediato frente a dos elementos femeninos de gran importancia para penetrar en el conocimiento del sí-mismo y alcanzar la toma de conciencia plena: el alma y las aguas.

La primera –el alma— es lo que flota livianamente y no se hunde, Ofelia misma; la segunda son las aguas verdes; es decir, oscuras, turbias, que nos abren las puertas del inconsciente donde Hamlet debe sumergirse como en un Hades para hallar la luz de las tinieblas: la intuición y el valor, la voluntad.

Todo el que ha indagado en el alma humana, sabe que la intuición es un atributo femenino mientras que la razón es una virtud masculina; pero la razón no puede nacer sin haber sido gestada por la intuición. Ambas son causa y efecto, maduración que debe alcanzar el joven Hamlet para levantarse sobre su propia debilidad.

su cabello enredado entre nenúfares,
los juncos de la orilla.

La poeta, para acentuar el vértigo y el descenso, usa la imagen de cabellos enredados y, de repente, vemos una especie de espiral o de mándala que gira y nos atrae hacia el fondo del estanque. Hamlet comienza a hundirse junto al espíritu de Ofelia; no obstante, como para salvarlos, Lilliam incorpora el llamativo verso: los juncos de la orilla. Y aquí ocurre un imprescindible equilibrio de los opuestos:

Toda búsqueda en las profundidades del infierno no puede extraviar su ancla objetiva, la cual debe permanecer enterrada en la orilla de la realidad. La redondez, el círculo arquetípico o el matrimonio espiritual, consiste en la unión entre el alma y el cuerpo, el espíritu y la materia; los juncos aquí parecen representar una dimensión que no debe perderse de vista. De lo contrario la fe —lo subjetivo— se esfumaría, como le sucedió a Orfeo, que tras de sí desapareció su amada. Estos elementos naturales son lo que el hilo de Ariadna es para Perseo. Hamlet necesita de esos juncos para reconstruir luego, a través de la emersión, su largo camino de regreso, el proceso de individuación, la madurez.

Los pececillos de colores entran en sus oídos
con su batir de aletas diminutas
reproduciendo el perenne murmullo
de la alucinación.

Aquí Ofelia está muerta ya, pero está viva al mismo tiempo. Se halla colmada de pececillos de colores. El pez es uno de los símbolos más antiguos y misteriosos de la historia humana. Lo femenino es pez. Las sirenas son mujeres con cola de pez. Melusina es un ser medieval que vive en las aguas y tiene cola de serpiente. El pez es vida. Representa a Cristo, quien nació bajo la Era de Piscis y multiplicó los peces para alimentar a sus seguidores. Desde épocas mesopotámicas, el pez es símbolo de renovación cíclica.

La poeta también nos habla de colores como dándonos a entender que esos peces murmuran sabios presagios en los oídos de Ofelia; son puentes auditivos con el príncipe dormido, que sueña y escucha las voces desde lo oscuro, el inconsciente: el perenne murmullo / de la alucinación. Se está gestando la comunicación entre la muerte y la vida. El sueño profundo y liviano de Ofelia provee a Hamlet de imágenes coloridas, vivas.

Ofelia flota y está inmóvil.

Este verso solitario parece brindarnos la calma crepuscular previa al amanecer. Es un verso de reposo como los amplios descansos en las escaleras. Toda flota y está inmóvil, en silencio, semi oscuro; pero el sol se acerca, deviene. Nos recuerda el instante en que el Dios bíblico está a punto de decir: "hágase la luz." A partir de ahora comienza la resurrección, el movimiento, la imagen y su recuerdo.

Bajo sus párpados conserva la imagen última:
el fugaz pajarillo, la abeja sobre el lirio,
las ojeras del príncipe de Dinamarca.

Hamlet escucha a Ofelia, que le habla desde la muerte. En la obra de Shakespeare, Hamlet está precisamente en el cementerio —esto no es accidental—. Este lugar representa el fondo del descenso, el límite oscuro donde se conversa con la muerte. Ve el cráneo de Yorick, el bufón de la corte con el que el príncipe se divertía en su infancia. Es el momento de la duda y el despertar: Ser o no ser, he aquí la cuestión. ¿Qué es más elevado para el espíritu, sufrir los golpes y dardos de la insultante fortuna o tomar armas contra el piélago de calamidades y, haciéndoles frente, acabar con ellas? Seguidamente llega el cadáver de Ofelia al cementerio y Hamlet inclina su balanza a favor de hacer frente a las calamidades de su espíritu.

Lo consciente se desvanece lentamente con su cerebro que ya se descompone. En estos versos, Ofelia muerta, que es Hamlet dormido, ha llegado los terrenos que traspasan la conciencia. Más allá no hay penumbra y la noche se vuelve clara: ¡Oh noche que guiaste! / ¡oh noche amable más que la alborada! / ¡oh noche que juntaste / Amado con amada, / amada en el Amado transformada!, nos dice San Juan de la Cruz casi al final de su Noche oscura. El alma de Ofelia se une, como en una boda alquímica, al espíritu de Hamlet. Es un instante de plenitud mística.

Pero no habrá descanso para la dulce Ofelia:
la locura no es alimento de la muerte
y flotará –como ella ahora–
sobre los ruidos del cuerpo reventándose,
sobre el hedor de sus emanaciones
y aun cuando todo esto haya pasado
persistirá en los órdenes desconocidos,
en los recuerdos que en los demás pervivan,
en el remordimiento del ojeroso príncipe.

No puede haber descanso para Ofelia. Se está descomponiendo y está emanando hedores. Está, en otras palabras, ardiendo, dando a luz a un ser nuevo. En su ánima se está fundiendo el animus del príncipe. Su alma y su cuerpo se están purificando, cruzando los umbrales de la muerte definitiva para transformarse en luz y voluntad. Ofelia se ha sacrificado para salvarse en Hamlet. Ahora es cuando ella está penetrando, verdaderamente, en el corazón de su amado, quien también está ardiendo desde afuera hacia dentro y desde adentro hacia fuera. Carl Jung usa el mito de Heracles para describir este fenómeno: El mito de Heracles tiene, en efecto, las características de un proceso de individuación: las expediciones en dirección a los cuatro puntos cardinales, los cuatro hijos, el sometimiento a lo femenino (Onfalia), que simboliza lo inconsciente, y el auto-sacrificio, causado por la túnica de Deyanira, y el renacer.

Incluso es llamativa la similitud de los nombres: Onfalia y Ofelia. ¿Coincidencia? Pero Ofelia es también el manto de Deyanira y tal vez Deyanira misma (ambas se suicidan). Como en la alquimia, es el fuego o la muerte (el amor que existe entre Ofelia y Hamlet) lo que hace despertar al joven príncipe de su somnífera ingenuidad.

Hamlet ha despertado en el dolor tras la muerte necesaria de Ofelia. Es el momento de luchar por su trono, aunque muera físicamente en el intento. Es el llamado de la responsabilidad y de la conciencia plena.

Sabíamos que Ofelia moriría joven. Lilliam Moro nos lo dice también en su poema. Así es la buena poesía. Cuando inconscientemente se ha alcanzado la silenciosa voz del símbolo, la poesía se vuelve sutil y conmovedora, tocando las fibras del corazón humano; pero, como milagro al fin, se revela sólo a muy pocos privilegiados. Es, como diría otro poeta cubano de la generación de Lilliam Moro, Reinaldo García Ramos: Tu conversación la sostendrás / con un cuerpo radiante, pero imaginario […] y todo estará ocurriendo en tu silencio.

DE ROLANDO LORIÉ

HOMENAJE A LILLIAM MORO

Amiga, tu poesía levanta la vista airosa al amanecer y se contempla ante el espejo, no tiene afeites tampoco aderezos, es diosa descalza que no admite dioses ni acreedores o conquistadores coloniales, se sabe plena en sí misma. Con su verbo desnuda lo cotidiano que, ni la misma muerte puede interrumpir; camina con pies de paloma entre sombras, soledades y silencios asomada a la ventana del tiempo. Conoce del lenguaje hermoso, salvaje que golpea y estremece, muestra labios humedecidos por el beso de la vida; hay días en que sus tiernas manos acarician al agua triste estancada en la fuente, a veces es voz frágil ante las huellas del desamor o la indolencia, convirtiéndose en grito de auxilio. Suele habitar en milagros con alas de mariposa suspendidos en la brisa y escapados del Evangelio, solo percibidos por la buenaventura. Tal cual es, le platica al semejante mirándolo a los ojos, si la ignora…no lo ignora sin primar odios ni rencores, pues es extenso el camino por donde transitan sus poemas guiados por la bendita imaginación e inocencia.

DE LUIS GARCÍA DE LA TORRE

Teníamos el deber de conocernos

Ninguna línea sobra
Lilliam Moro

Un brumoso 20 de abril del 2018 Lilliam Moro llega a Santiago de Chile. Fue a través de un reenvío muy amable de Felipe Lázaro, después de haber recién recibido *Tabla de salvación* en uno de esos siempre esperados e-mails de asunto: NOVEDAD NOVEDAD NOVEDAD NOVEDAD. Quedé leyendo a una Lilliam que arribaba refugiando entonces mi día.

Mi nuevo y apreciado amigo:

Le agradezco sus comentarios sobre TABLA DE SALVACIÓN sobre todo porque conecta mis versos con su circunstancia personal, y lo hace con una expresión sincera y transparente y con esa vehemencia que nos produce la emoción cuando leemos algo de otro y el corazón reacciona como una caja de resonancia. Si en usted, como lector, he logrado ese resultado, entonces mi poesía no ha sido inútil.

En realidad, TABLA DE SALVACIÓN no es mi último libro; forma parte de 50 años de quehacer poético recogido en mi OBRA POÉTICA CASI COMPLETA, publicado en Miami en 2013 y que ahora aparece independiente en un e-book por cortesía de Editorial Betania. Posteriores a esa compilación son: CONTRACORRIENTE (Premio Internacional de Poesía, Salamanca, 2017) y EL SILENCIO Y LA FURIA (Miami, 2018).

CONTRACORRIENTE, el poemario premiado en Salamanca, mereció una edición paralela en portugués, además de que uno de

los poemas del libro, "Los poetas poetas", fue traducido a 15
idiomas y ha sido presentado en los países de esas lenguas,
traducciones que aparecen al final del libro.
Se los voy a mandar por correo, pero entretanto se los enviaré por
e-mail, en pdf.
Reciba un fuerte abrazo agradecido,
Lilliam Moro.

NOVEDAD NOVEDAD NOVEDAD NOVEDAD y abrí el e-book desde el celular. Bajaba un tercer piso y paré, di media vuelta, me regresé. Levanté el teléfono fijo, mentí que estaba enfermo. Corrí las cortinas. Y enamorado de leer, teclee maravillado:

Hoy me llega *Tabla de Salvación* de Lilliam Moro ¡por fin una buena noticia sobre la isla de Cuba! directo de la Colección de Poesía 2018 de la Editorial Betania en Madrid. Nunca un libro me fue tan bien titulado por acción en correspondencia con este entorno helado de Santiago de Chile.

Desde hace una hora releo y en esta medida todo lo suyo me ha ido *salvando*. De la parte I *Declaración de Intensiones* repasé más de seis veces seguidas el primer poema *Arte Poético* con su… *y que nos corte la respiración.*

Impactado por los versos celebro la buena noticia de otra publicación de la gran escritora cubana. Vuelvo a ratos nuevamente a él, y yo que no creo en Dios, que ni en mis peores momentos lo invoqué, al encontrar en sus páginas el texto *Acción de Gracia* noto que me gustaría, sé que no lo lograré, pero me encantaría el mayor tiempo posible agradecer *el poder disponer de mis cinco sentidos,* conversarle al final de cada uno de mis días *Perdóname si no siempre escribo y hablo lo que debo*, e intentar tener tanta sabiduría *que tanto dolor / tiene un sentido para ti que yo no alcanzo a comprender / y por lo cual te doy un voto de confianza.*

El mouse vuela reencontrándose con *El otro y yo.* Escaneo mi mente buscando dónde he leído tanta valentía, en cuáles versos qué poetisa fue tan sincera ante todos que subjetiva maestra la culpa de la pasividad, soy ignorante o imparcial: solo aquí en Lilliam.

Continúo el impulso y llega *Contra la Historia* y *Por Favor*, soy definitivo: quiero ser literariamente la poetisa, lea de la página 17 a la 19 y sepa por qué.

En la parte II *Homenajes* la escritora cubana nos revela tremenda dupla al versificarse en un arte cercano, con pasiones y amores: *donde la trama y el estilo y la vida* estos versos sobre la muerte de la escritora modernista Virginia Woolf; con el hilo de Velázquez para dejar en claro que toda obra va a la vida *y no hay nadie que pueda desenredar los hilos*; con Ana Magdalena Bach como objeto lírico indiscutible, o más osada aún como ser supremo la cual hasta supera al genio ya *que a veces Dios está en la sopa caliente que se ofrece al otro lado de una puerta*; en el apóstrofe constante de la antítesis de la persona y la lírica de Amando Fernández en *la luz y las tinieblas las llevabas contigo / porque quizás donde ahora estés no se pregunta y sobran las respuestas / Sólo nos une ahora este silencio hecho de conjeturas / tu voz en mi memoria es un susurro*; y para terminar versa sobre la pintura de Turner "El Temerario", en la cual me arriesgo a emparejar en relevancia al objeto con el motivo lírico que para mí es el tiempo *Con su pasado heroico camino del desguace, / queda sólo el color con que su imagen / se detiene en la historia, / una historia que ya ni su Graciosa Majestad recuerda.*

Llegado a la mitad del poemario bebo desde ya un temprano y buen vino chileno, y corretea la idea de tantos cubanos fuera de nuestra estancia madre, la isla: parte III *Ávila en el Corazón*. Conozco de muchos pasos compatriotas por ahí, el adverbio me acomoda terrestre por tan obligada dispersión. Ahora Ávila, y releo el paso por su poeta místico, sus características murallas, las palabras dichas en sus vientos, su tarde, sus cafés, sus andares, un desamor nocturno en su andén y el paseo de San Roque. Maestra Liliam en su poema también politizo a Cuba, y aquí subjetivo tengo en su obra respuestas: *La realidad es demasiado escueta / para que podamos soportarla. / Dentro del corazón continuamente se entremezclan, / aparecen a cara descubierta o intercambian disfraces / la bondad y la sombra / la serenidad y el horror / el amor y el olvido, / mientras los días pasan comiéndonos el alma. / Abrirse paso entre la bruma, / difícil avanzar con tanto lodo / al corazón de la luz, / al corazón de las tinieblas.* Y sé que hay cubanas hoy en cualquier parte: *¿Qué nos queda intentar, / dónde meternos, te decía, / si el sol, acorralado por el gélido ambiente, / se mantiene impotente como un sueño frustrado? / ¿en dónde guarecernos, / cómo cuidarnos de nosotras mismas / mientras la tarde, el café, las palabras palabras / ya no bastan, amiga, para seguir viviendo / como si no pasara nada?*

Parte IV *Corazones Desbocados*: reúne cinco poemas que comienzan con los versos *Hemos andado por la vida / comiéndonos el mundo,* y se concluye *en medio de la Nada / y el desconcierto de no encontrar a Dios.* Corto y pego el principio y el fin del quinteto, léase la licencia como tal, porque me fusionan el discurso lírico y psicológico que determinan las temáticas reunidas en esta sección. Son cinco poemas perfectamente construidos. Si fuera no sé por ejemplo yugoslavo y leyera estos poemas diría que la poesía cubana es gigante y punto.

Y me remueve al final el *Epílogo* y *Elegía de Madrid* completamente. En *Oración para Empezar el Día* y en *Tu Nombre* leo sublime el error, repito, de no haberme educado en alguna fe. Quiero esa esperanza lírica que ya no tuve.

Lilliam Moro, usted, poetisa cubana contemporánea con más de cincuenta años en el verso hoy en su poemario *Tabla de Salvación* confirma lo que se sabía: que pertenece en base y altura a la lírica cubana de vanguardia, que esta obra recoge algunas las circunstancias de su vida, y que en la poesía ha nadado ferozmente; y también quizás lo que no se sabía: que su palabra va *salvando* a borbotones a gente por ahí.

¿Cómo quedan, Señor, los que no saben que se han muerto?

Un veraniego 7 de febrero del 2020 a la 1:39 de la mañana llega por trigésima novena vez Lilliam a Santiago de Chile:

Me ha hecho feliz el comentario de Pío, porque sintió tus poemas como yo. Son grandes "Aullidos" heterosexuales que recuerdan la intensidad de Ginsberg. Deben divulgarse más. Te quiero un montón, Luis, teníamos el deber de conocernos.

El 14 de marzo del 2020 deslicé las cortinas, ya Lilliam me cobijaba hacía dos años la vida, como en aquel día de diciembre:

No sé qué tiempo hace que no vas a Cuba ni si vas a La Habana, pero como dice el dicho, ve curado de espanto pues las noticias frescas que tengo es que aquello está hecho leña, maloliente y la basura sin recoger y muchas epidemias, te lo advierto más bien por el niño, pues deben hervirle el agua y no tomarla ninguno del grifo. Los peores sitios son Centro Habana, Cerro y la Víbora y todos los barrios aledaños, se salva un poco el Vedado y Miramar, aunque están destruidos, excepto las casas de los mayimbes, como se les dice a los privilegiados del poder.

Lamento lo de tu papá y deseo que mejore, quizás la alegría de verte a ti y su nieto le ayuden.
Ya me contarás.
Recibe un abrazo virtual antes del que nos demos de verdad en Miami.
Te quiero.
Lilliam

Sí, el 14 de marzo del 2020 corrí las cortinas y envié:

… Con más de cincuenta años en el verso pertenecerá siempre en base y altura a la lírica cubana de vanguardia. Nadó siempre en ella ferozmente. Será la gran poetisa cubana de este siglo…

Lean:

Por favor

Un aburrido mundo de obviedades,
de dos más dos son cuatro
y lugares comunes
me hace pedir, incluso por favor,
una tarde de tenues claroscuros
con argumentos poco convincentes
frente a una taza de té y tus palabras,
mientras de vez en cuando algún silencio
aparente cierta profundidad
y tomemos en serio esas medias verdades
que nunca afirman nada
excepto la certeza de la desvanecida luz
que nos envuelve,

Hoy, 17 de diciembre del 2020 muevo las cortinas, escribo y envío: Julia y Héctor: Lilliam eterna y constante está en mí.

DE JULIA PEÑA:

CARTA A LILLIAM

Querida mía,

En esta noche tranquila, con mis gatos a los pies de la cama, me animo a escribirte por si de algún modo mis palabras llegan hasta ti. Ha transcurrido casi un año desde que te fuiste, abandonando tu cuerpo, traspasando a los "órdenes desconocidos".

Me pregunto si has develado el Misterio, si ahora esas noches de angustia, miedo y desconcierto, tienen su respuesta última en un halo de Luz que sostenga tu Alma. Ahora pasaron los dolores, los físicos y aquellos otros en los cuales tienen su origen; esos sufrimientos que vamos padeciendo a lo largo de la vida, siempre en búsqueda de respuestas y de un anhelo por lograr en la tierra el equilibrio, la armonía, la comunión, la belleza y el amor incondicional que perdimos tal vez al abandonar el Paraíso.

Cada noche exclamo un te amo mirando tu fotografía, brotando palabras de agradecimiento y a veces una pequeña súplica invitándote a que me guíes desde el otro lado. Es mi único deseo que la Luz te acompañe y lo pronuncio también como un *mantra*.

Quiero contarte que pinté la habitación grande de la planta de arriba y estuve acomodando en tu escritorio, el que había pertenecido a Lydia Cabrera, algunas de tus cosas. Objetos muy valiosos por la única razón de que te pertenecieron y nos acompañaron en nuestra casa en Ávila donde nuestro amor permanece intacto. Mientras lo hacía, los recuerdos inundaron la estancia y mi memoria. Rememoraba de forma fílmica el Paseo de San Roque en nuestra querida ciudad, ese Paseo donde se sientan los ancianos a tomar el sol y al que le dedicaste un poema.

Siempre me gustó llevar a mis gatos a la clínica de Joaquín, que regenta junto a su esposa y que se halla situada en esta calle. Ya sabes que no es solo un excelente profesional, sino que además te cautiva por su calidad humana. No recuerdo el día exacto, pero era el mes de septiembre del año 2008 cuando acudí a vacunar a uno de mis gatos acompañada por Ana. A la salida, mientras esperábamos para abonar la consulta, reparé en una señora sentada en una esquina al lado de la puerta. En sus brazos un precioso gato naranja atigrado se mostraba paciente y tranquilo. Esa señora eras tú y solo tengo que cerrar los ojos para regresar a aquel día.

Conoces bien mi amor por los animales, especialmente los felinos, lo cual me lleva siempre a hacerles muestras de cariño, así que me acerqué a ti y después de conceder unos arrumacos al gatito te pregunté si estaba enfermo. Me indicaste muy amablemente que sí, que tenía un tumor en el oído y todos los días acudías para administrarle una inyección; no había opción de operar y necesitaba el medicamento para sobrellevar el dolor.

Me dijiste que el gatito se llamaba *Niño* y que en tu casa tenías dos hembras: *Mamita* y *Dubi*. Te comenté que yo tenía cinco gatos también y te transmití mi pesar junto con mis deseos de que ocurriera el milagro y mejorara. Entonces me miraste diciéndome con una débil sonrisa: también le doy Reiki. En una ciudad de provincia como la hermosa Ávila, no es fácil encontrar personas que practiquen terapias alternativas, así que me sorprendió gratamente y te hice saber que yo también practicaba Reiki. Poco podía imaginar entonces lo que aquél primer encuentro supondría para nosotras.

Unos días después, comenté con Ana mi idea de decirle a Joaquín que te diera mi teléfono. Sabes que esa actitud no es habitual en mí, pero la palabra *Reiki* me animó a pensar que podríamos tener cosas en común. Yo llevaba pocos meses viviendo en la ciudad, así que hacer alguna amistad me vendría bien. Así fue cómo a los pocos días nos acercamos a la clínica a última hora de la mañana.

Cuando salió Joaquín de atender a un perrito, le hablé de aquella señora cuyo gatito estaba enfermo de cáncer de oído. Inmediatamente te identificó y me expresó maravillas de ti, diciéndome que eras una gran persona y debías estar a punto de llegar, pues esa solía ser la hora en que te acercabas con el gato para ponerle la inyección. Conforme me estaba diciendo esto, apareciste por la puerta con tu lindo gato en brazos.

Ahí fue donde intercambiamos nuestros teléfonos después de conversar brevemente, con la intención de llamarnos algún día para compartir un rato juntas. ¡Cuántas veces hemos recordado aquel día!

Aproximadamente un mes después, el 15 de octubre, fiesta de Santa Teresa en Ávila, mi hija se disponía a salir con sus amiguitas a la feria. Como algunos días antes habíamos intercambiado unos mensajes de texto se me ocurrió que tal vez te apeteciera salir a tomar un café. Tu respuesta fue positiva y convinimos en vernos en la terraza del *Mesón El Sol*, muy cerca de tu casa. Quedamos a las siete de la tarde.

Muchas veces me he preguntado por qué me costó tanto elegir con qué ropa vestirme, pero ocurren cosas en la vida que escapan a nuestra comprensión. Esto fue motivo de risas tiempo después, cuando me contabas que, inexplicablemente también, te sentiste nerviosa y no sabías qué ponerte para aquel encuentro, aparentemente sin importancia. Como fuera que padezco el mal de la impuntualidad, te hice esperar veinte minutos, pero supiste perdonar "esa costumbre mía de siempre llegar tarde".

Nos sentamos afuera, pues hacía una temperatura agradable, y nada más pedir el café sacaste un libro de tu bolso y me lo entregaste. Me explicaste que era una novela escrita por ti. Ante esta sorpresa me mostré entusiasmada y abrí el libro, donde pude leer una entrañable dedicatoria. Era tu premiada novela *En la boca del lobo*.

Esa tarde conversamos durante horas, nos sentíamos cómodas, como si ya nos conociéramos y nos estuviéramos poniendo al día después de una larga separación. Fue aquél el reencuentro de dos almas que se descubren y al hacerlo se reconocen, conectando quién sabe con qué reminiscencias dormidas o atrapadas en el inconsciente, en las profundidades de la memoria. Me hablaste de tus experiencias alfabetizando en Cuba, de tu dolor y decepción con el régimen, de tu salida a España, llegando al aeropuerto de Barajas en abril de 1970 "a las doce de la noche y sin un peso en los bolsillos"; me contaste de tus parejas, de tus ocho años de trabajo en Puerto Rico. Y yo por supuesto también te fui contando algunas de mis experiencias de vida.

Los puntos en común eran muchos, por lo que hubo tiempo para hablar de literatura, política, metafísica, astrología. Pasadas las once de la noche tuvimos que dar por terminada la conversación, pues mi hija estaba de regreso a casa.

Me acompañaste hasta la esquina de la calle mientras comentábamos lo grato de nuestro encuentro. Lo último que recuerdo fue tu alegría cuando te dije que todas las noches me dormía escuchando el *Concierto de Aranjuez* del Maestro Rodrigo. Nos despedimos con dos besos, emplazándonos a seguir en contacto.

Poco tiempo después me llamaste una tarde cuando me disponía a darme un baño. Estabas desolada. Tu gatito Niño acababa de fallecer. Me preguntaste si podíamos encontrarnos en la cafetería del

Paseo; necesitabas salir y soltar un poco aquel dolor. No lo dudé un instante, te dije que en quince minutos estaría allí.

Y así fue nuestra relación desde entonces, una sola llamada (a veces ni siquiera eso, pues la telepatía entre nosotras funcionaba de una forma inusual) y ahí estaba yo, o ahí estabas tú. El hilo que nos unía podía extenderse o tensarse, pero nunca se rompió. Siempre pudimos contar la una con la otra de forma incondicional, y en los momentos más duros, un abrazo resultaba sanador. Le llamabas *el abrazo del alivio*.

Lo que vino después fue la recreación del paraíso en la tierra. Dulces encuentros donde fuimos conociéndonos o quién sabe si reconociéndonos, conversando de lo humano y lo divino. Un tiempo que se detenía mientras permanecíamos juntas. Recuerdo que solías acompañarme hasta mi casa, recuerdo con una sonrisa los furtivos besos en el portal. Parecíamos dos adolescentes.

Una tarde me sorprendiste con el regalo más especial que nunca había recibido: tres sonetos escritos para mí, los "Sonetos para Julia", que poco después fueron publicados en la revista *Arique* e incluidos posteriormente en tu libro *Obra Poética Casi Completa*.

Aquel amor había tomado una fuerza que nos envolvía a las dos, sin poder todavía comprender la dimensión de este y hasta donde nos llevaría.

La primera vez que fui a tu casa me pareció entrar en un espacio sagrado, se respiraba una paz indescriptible. Unos meses después, en marzo del 2009, se convertiría también en mi hogar, junto a mi hija y nuestros gatos. Por aquél entonces ya estabas trabajando en tu siguiente novela: *Las reencarnaciones de Mamá Inés*. Te gustaba leerme lo que ibas escribiendo y escuchar mi opinión. También me mostrabas tus poemas y yo a veces te ayudaba con tus trabajos de corrección. Sentadas juntas ante el escritorio hemos pasado horas de trabajo y conversaciones inolvidables.

Me contaste que la novela *En la boca del lobo* la habías escrito en Puerto Rico, levantándote a las cuatro de la madrugada para avanzar en el proceso de creación antes de ir a trabajar. Ese relato me acercó a una realidad que apenas conocía, me acercó a la esencia de tu dolor.

A medida que ibas desgranando tu sufrimiento en Cuba, iba apareciendo ante mí un ser humano herido por unas vivencias aterradoras. Me decías que para ti Cuba ya no era tu hogar, tu hogar estaba en España, pero tu compromiso con el padecer de tu pueblo, el desgarro de comprender que tu tierra había sido devastada por un régimen perverso, no cesó de acompañarte hasta el día en que partiste.

Me leías en voz alta, no sólo tus poemas, también los de otros autores. Contigo comprendí la esencia de la poesía, el oficio del poeta, la creatividad puesta al servicio del alma que necesita mostrarle al mundo el dolor propio y ajeno, sus pensamientos y reflexiones. La voz se te quebró la primera vez que me leíste tu poema "La Habana".

Aficionada como era a escribir poemas, siempre me animaste a seguir haciéndolo: me corregías, me enseñabas, me guiabas. Porque no sólo eras una gran escritora, también eras una generosa maestra que me consta ayudó a muchos a encontrar su propia voz.

La inspiración no basta —me decías— hay que trabajar. Esa era tu máxima en todo: el esfuerzo, hacer las cosas siempre dando lo mejor de ti. Y así es como había transcurrido tu vida, trabajando de forma incansable para mantenerte y ayudar a tu familia en Cuba; luego supe por familiares y amigos que te quitabas el pan de la boca si hacía falta para que ellos no pasaran penurias.

Finalmente, nunca conseguiste la beca *Cintas* para la que postulaste en más de una ocasión, y te viste forzada a trabajar muy duro, dejando en un segundo plano tu labor como escritora. Transcurridos dos años de tu llegada a España, el 29 de junio de 1972, escribirías en tu breve diario de esa época: "Corro el riesgo de frustrarme para siempre (…) En mi actual sistema de trabajo y vida me es imposible escribir o estudiar".

Siempre me decías que te hubiera gustado ser escritora a tiempo completo. Esa situación no se dio hasta tu llegada a Miami, donde pudiste dedicar más tiempo a tus creaciones. Aun así, seguías haciendo labores de maquetación y corrección de estilo e impartiendo clases a escritores noveles.

Eras muy exigente contigo misma, por lo que fui testigo de cómo muchos de tus poemas terminaron en la papelera. Pero esa última etapa en Miami fue tu consolidación como poeta, una poeta única, auténtica, que remueve conciencias y no cae en sensiblerías.

Decías "Dios es el que sabe", sus tiempos son los correctos y finalmente te había otorgado un espacio para dedicarte a escribir sin presiones. Y yo creo que así fue: un tiempo concedido cuando habías alcanzado la madurez suficiente para hacer de tu voz literaria una obra de arte.

Esos pocos libros que escribiste son Lilliam Moro, ahí está condensada tu vida, tus sentires, tus anhelos, tus sueños y decepciones, tu compromiso con el dolor del mundo, tu fe en Dios.

Querida, eras un alma que no dejaba indiferente a nadie, un alma que se conmovía escuchando tocar a unos músicos en la Puerta del Sol, y de ahí brotaba el poema. Porque el poema eras tú.

Pero volvamos a nuestra casa en Ávila, estoy segura de que te apetecerá recordarlo conmigo. Te parecerá extraño, pero ahora que no estás te siento tan cercana como en aquel tiempo donde todo nos parecía posible, cuando el amor no nos cabía en el pecho y entrelazábamos nuestras manos mientras escuchábamos las canciones que después se convertirían en la banda sonora de nuestra historia: Pablo Milanés, Luis Miguel, Chavela Vargas, pero también Bach, Mendelson, Mozart. Y lloramos juntas con *Tristán e Isolda* una fría tarde. Desperté en ti la pasión por Leonard Cohen y tú en mí por Janis Joplin. También escuchábamos el CD que te regalé de música sefardí, algunas coplas españolas y ritmos cubanos. Convertiste en nuestro himno la canción *Alma con Alma* de Tito Gómez.

Veíamos juntas películas que también hicimos nuestras. *Casablanca*, que para ti tenía una connotación especial. *Cabaret*, que compartimos con mi hija y tu amiga Josefina Suárez cuando pasó unos días con nosotras en su viaje a España (días llenos de magia). Cuando vimos *Doctor Zhivago* me dijiste que también me ibas a escribir cartas. Y forzosamente lo hiciste, pues en nuestros periodos de separación acumulé correos electrónicos que son joyas para mí. Tantas y tantas películas. ¿Te acuerdas? de Bergman, de Tatkovski, Kurosawa, pero también Almodóvar o Fellini.

Esta afición compartida por el cine fue una constante que se repitió en nuestra residencia en Miami y nos acompañó hasta el final, cuando quisiste que viéramos *La princesa Paca*, dirigida por Joaquín Llamas; me decías que no era una gran película, pero que cuando la viera entendería el porqué de tu insistencia. Tus malestares y dolores provocados por la enfermedad no nos permitieron verla juntas. Lo hice a solas el día después de tu partida, sola en la noche en nuestro último lecho; mientras la veía rememoraba un verso: "Francisca Sánchez, acompáñame".

Pero si hay una película vinculada a nosotras, esa es *Ghost*, por el hondo significado que tuvo. Cuando escucho el tema de la banda sonora "Melodía desencadenada" te siento presente; lo que une el amor no puede separarlo la muerte. Con esta canción nos hemos amado y reconciliado tras los desencuentros, con esta canción me dijiste que me enviarías una señal "desde el otro lado".

Quisiera tomarme un respiro para no caer en la profunda tristeza de la ausencia, mas no puedo evitar continuar con la revisión de tus papeles. Ahora me encuentro con un poema que te escribió el poeta Amando Fernández. Y a mi mente viene aquella tarde cuando me mostraste sus libros y me hablaste de él por primera vez.

Me decías que vuestra amistad partía de una conexión muy honda, se te saltaban las lágrimas rememorando su última etapa, en la que no pudiste estar a su lado. Tus palabras eran un canto al amor, cualquiera que fuera su forma. Así como el poema que te dedicó donde describe ese sentimiento prohibido que incesantemente fue perseguido a lo largo de la historia. Amando escribe el poema poniéndose en tu piel, como si lo hubieras escrito tú. Créeme que lo conservaré con el mismo celo con que guardo el resto de tus cosas.

Ahora necesito ver las fotos que nos hicimos durante estos años; tomo entre mis manos el álbum del día de nuestra boda.

Nos casamos el 12 de marzo del año 2010, a ti te hacía ilusión que fuese en el mes de Piscis, poco después de tu cumpleaños. Siempre decías que yo te lo pedí, y yo, que en realidad fuiste tú con sutiles insinuaciones. Pero ¿qué importancia tiene ese detalle? Lo cierto es que ambas deseábamos una unión perdurable más allá de lo que pudiera ocurrir; el enlace tuvo un significado profundo, pretendíamos que esa conexión traspasara los límites de lo humano, tal como lo sentíamos en nuestros corazones. Aquellas firmas en los juzgados de Ávila acompañadas de buenos amigos fueron el sello de un amor que nunca llegamos a comprender del todo, pues nos sobrepasaba y parecía tener vida propia.

Ese día, además del intercambio de anillos, nos regalamos un verso; tu escogiste "Para mi corazón basta tu pecho", de Pablo Neruda. El que yo te regalé fue escrito sólo para ti y te embargó de dicha. ¡Cuántas veces nos los hemos susurrado a lo largo de los años! Gracias a nuestro amigo Eddy quedaron impresos en el álbum de fotos de nuestro enlace.

Poco antes de partir para Miami me dijiste que quizás no habíamos estado a la altura de nuestro amor, pero ese amor no nos abandonó nunca, me parece estar escuchándote cuando me lo repetías unos días antes de tu viaje final, añadiendo: Juli, nunca olvides cuánto te he amado.

Hoy, no creo que fuera una cuestión de estar o no a la altura, los seres humanos vivimos bajo unas circunstancias que nos llevan a tomar decisiones dolorosas. En un momento dado tuvimos que afrontar la determinación de irte a Miami sin mí, yo te seguí cuando falleció mi madre. Pero entretanto, los correos electrónicos y las llamadas tomaron el espacio de la presencia. Este es uno de esos correos recibidos a lo largo de aquellos tres años y medio, otro recuerdo al que me asomo hoy:

4 de julio de 2011

Cuantas ganas tenía de ver tu último mensaje de Internet, y ya las primeras palabras han llenado mis expectativas. ¡Cuánto amor de ambas partes atraviesa el espacio! No sé los planes de Dios, pero infiero que un amor así, que vibra a octavas tan altas después de una dolorosa evolución, no puede ser gratuito, inconsistente, perderse en el tiempo y el espacio humanos.

Tú dices que llegué tarde a tu vida. No creo eso que dices, porque los acontecimientos verdaderamente importantes tienen su momento exacto para manifestarse. Piensa si 12 o 14 años atrás tú estabas preparada para asimilar toda la experiencia que has recibido en 2 años. Has tenido que conocer el dolor más profundo, ese dolor solitario que nos desgarra las entrañas del alma, para COMPRENDER algo ahora. Porque es el dolor despojado de anécdotas, de sucesos concretos (…): es el dolor visceral que nace de la soledad de no hallar una explicación que puedas comunicar a tus amigos, es la soledad del conocimiento que no puede comunicarse.

Mi adorado amor, hoy en casa de mi tía estuve releyendo dos postales tuyas, una carta y un papelito que me acompañan en este viaje. ¡Me das tanto de lo mejor de ti!

El tiempo corre en mi contra, pero no es verdad; como decía Kafka: "ocurra lo que ocurra, ocurrirá cerca de ti". Y no me refiero al espacio que nos acerca o nos separa (esas distancias son consideraciones humanas). Este amor continuará quizás en otra dimensión (no necesariamente en otra vida, aunque también). Estemos alerta: mucho tenemos que aprender todavía gracias a esta unión mágica que nos desborda, porque ha trascendido este mundo.

Te amo. Espero que este amor tan grande, más grande que yo, llegue a ti en toda su intensidad.

Tuya,

L.

Finalmente pude reunirme contigo en febrero de 2015 con la intención de no separarnos nunca. No puedo expresar el dolor de mi decisión cuando regresé a España para estar más cerca de mi hija, casi dos años después; hay elecciones que te rompen el alma. Quiero creer que, en algún momento antes de abandonar esta vida ilusoria, pudiste comprenderme.

¿Recuerdas que al final me decías estar conociendo una parte de mí que no habías visto antes? me tuviste siempre a tu lado, a pesar de los periodos de distancia; pero tal vez estar tan cerca no nos permite tener la perspectiva suficiente para ver al otro. Nos quedamos con las heridas que se van formando, las palabras que nunca debieron pronunciarse, los errores que de ambos lados se cometieron. Tú misma decías que nuestro amor no era de este mundo. Hoy tal vez tengas la respuesta, desprendida ya del plano material.

Yo la tengo en mi corazón Lilliam, siempre la tuve. Me parece escucharte diciéndome: ¡aleluya!, después de que mi mente me jugara tantas malas pasadas. Pues ya ves, aunque la mente nos lleve a tanto sinsentido, el corazón termina encontrando la forma de prevalecer. ¿Recuerdas uno de tus últimos mensajes?: El corazón es lo que ha estado sucediendo durante todos estos años. A pesar de nosotras mismas no se pudo apagar la luz del fuego, porque justo en la oscuridad es cuando más resplandece. Y el fuego es purificador, es el símbolo de toda iniciación. Tú sabes bien de lo que hablo querida, las dos atisbábamos el significado.

Habría sido hermoso cumplir el último sueño de escribir nuestra historia juntas. No hubo tiempo. El tiempo se nos fue la madrugada del 14 de marzo del terrible año 2020, dos días después de nuestro aniversario de boda. ¿Casualidad? Seguramente no.

Acabo de encontrar las carpetas donde conservas facturas y otros documentos de cuando vivías en Puerto Rico; sé que hay cosas que no tiene sentido conservar, pero aún no tengo capacidad de tirar nada. Supongo que en algún momento tendré que enfrentarme a ello. Mientras tanto, todo descansa aquí, junto a tus libros, tus objetos, tus recuerdos y los míos.

Mi amor querido: así nos decíamos en nuestros correos. Sin embargo, en este instante no quiero acordarme de la separación, prefiero traer a mi memoria tus visitas a España, después que dejé Miami, fueron un bálsamo y al mismo tiempo una oportunidad de asimilar lo vivido. En el año 2017 te acompañé en la entrega del premio por tu libro de poemas *Contracorriente*, en la ciudad de Salamanca; participando de uno de los momentos más felices de tu vida. Qué días tan plácidos aquéllos, ¿verdad? Donde sacamos tiempo para visitar a nuestros amigos en Ávila, para pasear por Madrid, ciudad que me vio nacer y que tú tanto amabas.

Cuando regresaste al año siguiente, tenías una energía renovada, parecía increíble que las caminatas por la ciudad no te agotasen. Nos alojamos, como el año anterior, en el hostal *Cruz Sol*; desayunábamos churros en la cafetería de la Calle *Esparteros*; tú estabas exultante ¡y teníamos tantas esperanzas! Con la inestimable ayuda de tu amiga Marinieves Alonso, a quien le habías dedicado el poema Ana Magdalena Bach, hicimos verdaderos esfuerzos para que pudieras regresar definitivamente a España. Tu sueño (que también era el mío) no se pudo cumplir.

Cuando estás lejos de una persona a la que amas, la impotencia que se siente ante su sufrimiento no se puede describir. Tu deterioro de salud me tuvo pendiente de ti las 24 horas del día, esperando poder hablar con el anhelo de que los médicos dieran con tu dolencia y te prescribieran el tratamiento adecuado. No te gustaba mucho la idea de vivir en el pueblo, pero yo no había logrado la estabilidad económica para alquilar un piso en la ciudad y nuestras gestiones del año anterior no habían dado buenos frutos. Por este motivo no te decidías a regresar; siempre pensabas que podías ser una carga, sin darte cuenta de que yo también te necesitaba.

A finales de 2019, por fin estabas dispuesta a venir a vivir conmigo, aunque mis circunstancias de vivienda y trabajo no habían cambiado. También contemplamos la difícil posibilidad de que yo regresara a Miami, habiendo comprendido que nunca debimos separarnos; pero mis gestiones con la embajada seguían siendo inútiles.

Esperábamos el momento en que un diagnóstico con su correspondiente remedio te permitiera viajar. Ya no fue posible. El día de mi cumpleaños volé a Miami para acompañarte en el final de tus días, aterida de miedo, pero aún con ciertas esperanzas.

Antes de subir al avión te envié un mensaje haciéndote saber que estábamos a punto de despegar y preguntándote como te encontrabas, ahora releo tu respuesta: "No tengo dolor gracias a la morfina. ¡¡Y logro dormir!! Te espero. Estoy muy emocionada con la posibilidad de volverte a ver (…) Feliz cumpleaños".

Nunca olvidaré el cariño y generosidad de los amigos que nos ayudaron a sobrellevar una situación tan dolorosa, pues por más que sepamos que la vida tiene una fecha de fin, no es sencillo asimilarlo y aceptarlo.

Había pasado por un mes junto a tu cama de hospital en el año 2013, donde te leía párrafos de *Un Curso de Milagros* mientras estabas en coma; y vi producirse el milagro; pero esta vez te ibas desmoronando ante mis ojos y el milagro no llegaba.

Me viene a la memoria la visita de León de la Hoz y su pareja, que en una breve estancia en Miami aprovecharon para verte, sabedores de tu enfermedad. Fue grato escucharos conversar sobre Gastón Baquero, tan cercano a ambos. Entretanto su bella mujer me colmó de esperanzas y por unas horas recobré la fe en los milagros. Ahora sé que efectivamente los tiempos de Dios no son los nuestros, que Él es el que sabe.

Una tarde, tras haber asistido al bautizo de tu sobrina-nieta me dijiste: "Juli, me estoy desbaratando." Estabas pálida, exhausta; tus ojos eran un clamor desesperado. Comprendí entonces que nos quedaba poco tiempo, que no vendrías conmigo de regreso a Ávila, que el final estaba cerca. Fueron noches de espantar fantasmas, tratando de sostenerte para que tu inquebrantable fe no se rompiera en el último tramo. Yusimi Sijo, excelente psicóloga y buena amiga, fue una ayuda imprescindible para disipar nuestros miedos.

La noche en que partiste intenté ayudarte a que te liberases de tu cuerpo enfermo. Con palabras de aliento te decía que te dejaras ir, que yo estaba contigo y nunca nos separaríamos. Acaricié tu rostro y tus manos, tus pies y tu cabello; vi brotar una lágrima de tus ojos cerrados y me dolí con cada respiración descompasada anunciando el último suspiro.

Ya sabes la costumbre de la enfermera de poner el aire acondicionado a temperaturas muy bajas, así que en el apartamento hacía mucho frío y a las cuatro y media de la mañana le dije que me iba a recostar un ratito, solo para poder arroparme y coger calor. Mantuve los ojos abiertos observándote.

Pero me venció el sueño. Media hora después desperté bruscamente y di un salto, al mismo tiempo que la enfermera se acercaba a la cama. Recuerdo el timbre de su voz cálida al decirme "ya se ha ido".

¿Irte a dónde? Estás aquí, conmigo, mientras escribo este relato con tu ordenador y mis dedos se posan en las teclas que pulsaste tantas veces. Vas conmigo cuando paseo por Ávila y rememoro nuestro paraíso. Cuando recuerdo el tiempo separadas que se teñía de interminables conversaciones telefónicas. Cuando veo las fotos que nos hicimos juntas. Estás aquí mientras termino de escribir y siento un escalofrío recorriendo mi cabeza, como una caricia. La vida también es un poema, y en mi poema eres un verso inacabado, un verso que solo puede continuar al otro lado del velo.

Mi amor querido, ahora sólo le pido a Dios que mis recuerdos expresados en esta carta se eleven hasta ti, y queden guardados como testimonio de nuestra unión. Creo profundamente que múltiples posibilidades toman forma en un mismo instante, fuera de esta realidad que no es más que una ilusión. Desde esa comprensión te escribí una carta cuando estabas en el hospital, un mes antes de tu partida, tal como había hecho en el año 2013 mientras permanecías en coma. Aunque esta vez no obtuvimos el milagro, estoy convencida de que lo relatado en ella está "sucediendo".

16 de febrero de 2020

"Querida Lilliam, mi amor pleno.

Te escribo mientras espero que despiertes de tu siesta, para pasar esta tarde que tengo libre en el trabajo, qué paz ahora que tengo un empleo estable que nos permite tener cubiertas nuestras necesidades materiales, y podemos vivir en esta nuestra ciudad de Ávila. Fue una suerte que Jesús nos alquilara de nuevo el piso. Ahora cuando despiertes vamos a ver una película, de esas que nos gustan a nosotras porque tienen profundidad y nos permiten luego conversar y enriquecernos.

¡Desde que superaste el cáncer y volvimos a vivir aquí todo es tan maravilloso! Le agradezco a Dios esta oportunidad que nos ha dado de vivir por fin nuestro amor sin sobresaltos, con tranquilidad y la placidez de compartir tantas horas felices.

Me llamó María, está increíblemente contenta porque todo va perfecto con sus estudios, pronto vendrá a visitarnos y pasaremos buenos ratos las tres juntas.

Es como un sueño ver que tu obra está siendo reconocida tanto en España como en Miami, y una alegría inmensa que la novela *Las reencarnaciones de Mamá Inés* te encumbre como la gran escritora que eres. Tanta felicidad nos desborda; pero el agradecimiento también.

Ahora cuando despiertes, seguiremos compartiendo esta hermosa tarde de invierno, bajaré a dar de comer a los gatos y estoy segura de que te apetecerá acompañarme, pues te estás sintiendo tan recuperada físicamente que un paseo hasta la estación te hará bien.

Nuestros gatos ahora están todos con nosotras. En la casa tus libros y los míos, tus recuerdos y los míos, fundidas la una en la otra, como no puede ser de otra manera.

Ya quedaron atrás los miedos y las sombras.

Dame tu mano Amor, despierta ya de tu breve letargo, otra maravillosa tarde nos espera para disfrutar de esta mutua compañía, otra tarde a la que seguirá una noche de amor infinito.

Gracias a Dios por este Milagro.

Siempre tuya, tu esposa de aquí a la eternidad.

Te Amo.

Juli"

COLABORADORES [EN ORDEN ALFABÉTICO]

León de la Hoz

León de la Hoz, escritor y periodista. Ha publicado *Coordenadas* (1982), *La cara en la moneda* (1987), *Los pies del invisible* (1988) *Preguntas a Dios* (1994), *La poesía de las dos orillas,* Cuba (1959-1993) (1994-2018), *Cuerpo divinamente humano* (1999), *La semana más larga* (2007), *Vidas de Gulliver* (2012), *Los indignados españoles: Del 15M a Podemos* (2015). *Vidas de Gulliver (*2016, 2ª ed, 2017 3ª ed, 2018 4ª ed.). *La mano del hijo pródigo* (2019). *Ejercicio de Convivencia. Guía emergente para sobrevivir al virus sin morir de aburrimiento* (2020). Ganó los premios David (1984) y Julián del Casal (1987), ambos de la UNEAC, Cuba, entre otros. Ha sido antologado en diferentes ocasiones, como en *Poesía cubana: La isla entera* (1995), de Felipe Lázaro y Bladimir Zamora; *Las palabras son islas. Panorama de la poesía cubana del siglo XX* (1999), de Jorge Luis Arcos; *Antología de la poesía cubana, Vol. IV,* de Ángel Esteban y Álvaro Salvador; *Poemas cubanos del siglo XX* (2002), de Manuel Díaz Martínez. Dirigió la revista cultural La Gaceta de Cuba, en La Habana. Fue uno de los directores fundadores de la revista "OtroLunes". Escribe en el Blog de León. Actualmente trabaja en tres libros nuevos, ensayos políticos sobre la democracia y la Revolución cubana, y un libro de poemas.

Luis de la Paz

Premio Museo Cubano de Ensayo, Premio Lydia Cabrera de Periodismo y accésit al Premio Luys Santamarina-Ciudad de Cieza, Murcia, España. Escritor y periodista residente en Miami. Abandonó la Isla durante el Éxodo del Mariel, en 1980. Ha publicado los libros *Un verano incesante* (Ediciones Universal, 1996), *El otro lado* (Ediciones Universal, 1999), *Tiempo vencido* (Editorial Silueta, 2009), *Salir de casa* (Alexandria Library, 2015), *De espacios y sombras* (PR-Ediciones, Madrid, 2915), *Of Space and Shadows* (Ediciones La Gota de Agua, 2019), *Imperfecciones del Horizonte* (Editorial El Ateje, 2020) y *Del lado de la memoria* (Editorial Hypermedia, 2018). Publicó además, *Reinaldo Arenas aunque anochezca* (Ediciones Universal, 2001), una recopilación de textos y documentos sobre el escritor Reinaldo Arenas, *Teatro cubano de Miami* (Editorial Silueta, 2010), colección de siete obras de dramaturgos residentes en Miami, *Cuentistas del Pen* (Alexandria Library, 2011), recopilación de 22 relatos de cuentistas miembros del Pen Club de Escritores Cubanos en el Exilio, *Soltando sorbos de vida: entrevistas Cuba en el exilio* (1998-2013), publicada por Ediciones Universal, en el 2017 y *La floresta interminable: poetas de Miami* (Editorial ArtesMiami, 2019), con textos poéticos de 34 autores latinoamericanos residentes en Miami. Un cuento suyo es recogido en *Cuentos desde Miami* (Poliedro, 2004), y en *Palabras para un joven suicida* (Editorial Silueta, 2006). Es también autor de los monólogos *Feliz cumpleaños, mamá* y *El Laundry*, representados en el IX y XI Festival Latinoamericano del Monólogo de Miami (2010 y 2012). Conduce el evento cultural *Viernes de Tertulia*, en el Miami Hispanic Cultural Arts Center de Miami. Fue columnista de *Diario Las Américas* (1996-2013). En la actualidad escribe para *El Nuevo Herald* en Miami.

Stefania Di Leo

Desde pequeña ha cultivado una pasión por los idiomas extranjeros. En 1995 obtuvo el Diploma Estatal Liceo Lingüístico Archimede, en 1999 se graduó en Lenguas y Literaturas Extranjeras y Modernas y luego completó sus estudios de secundaria en la Universidad Complutense de Madrid, un doctorado en Teoría de la Literatura y Literatura Comparada. Actualmente es traductora internacional en italiano de poetas contemporáneos españoles y portugueses, y colabora con varias revistas culturales e internacionales, *Crear en Salamanca*, *Metaforologia*, *Papeles del martes*. Es fundadora del Círculo Literario Napolitano y del Premio Internacional de Poesía en español Francisco de Aldana. Ha publicado libros de poesía, entre los que destacan *Rosas azules sobre el tomillo perfumado* (España), *Donde tuve tus labios*, *Ocultando el olvido* (Miami), *Uma so Solidao* (Brasil), *Brilha sim o silencio* con Alvaro Alves de Faria (Brasil), y *As sombras da tarde* (Portugal).

Carlos Espinosa Domínguez

Especialista en teatro, ha publicado numerosos estudios sobre el tema. También ha realizado diversas antologías sobre poesía, teatro, cuento y otras temáticas. Se graduó en Licenciatura en Teatrología y Dramaturgia en el Instituto Superior de Arte de La Habana. Mientras vivió en Cuba trabajó en el Grupo Teatro Estudio y en el Departamento de Teatro Latinoamericano de la Casa de las Américas. Abandonó la isla en 1986 para residir en España, cuya ciudadanía adquirió en 1990. Allí trabajó en el Centro de

Documentación Teatral del Ministerio de Cultura y en el programa cultural El Mirador, de Televisión Española.

En 1998 se mudó a Estados Unidos, donde adquirió su título como Doctor en español en la Florida International University. Trabajó como profesor en la Mississippi State University. Actualmente reside en Aranjuez, España.

José Hugo Fernández

Escritor, periodista y filólogo. Autor, entre otras obras, de la novela «Parábola de Belén con los Pastores», y del libro de cuentos «La isla de los mirlos negros». Trabajó como periodista independiente en La habana, desde el año 1993. Durante la década de los años 80, trabajó para diversas publicaciones en La Habana, y como guionista de radio y televisión. A partir de 1992, se desvinculó completamente de los medios oficiales y renunció a toda actividad pública en Cuba. Premio de Narrativa 'Reinaldo Arenas' 2017, tiene alrededor de una veintena de libros publicados. Actualmente reside en Miami.

María Cristina Fernández

Narradora. Tiene publicados los libros de cuentos *Procesión lejos de Bretaña* y *El maestro en el cuerpo*, además de otros dos libros para niños. Cuentos y textos suyos han aparecido en revistas y antologías de Cuba, EEUU, México y España. Su más reciente cuaderno, titulado *P* [Ediciones Furtivas], vio la luz a mediado del 2020. Desde el año 2006 vive en Miami.

Joaquín Gálvez

Ha cursado estudios de periodismo en la Universidad de Miami, y obtuvo una licenciatura en humanidades en Barry University. Ha publicado los poemarios *Alguien canta en la resaca*, [Término Editorial, Cincinnati] 2000, *El viaje de los elegidos* [Betania, Madrid, 2005] y *Trilogía del paria* [Editorial Silueta, Miami, 2007]. Sus textos aparecen recogidos en numerosas antologías y publicaciones, en Estado Unidos, Europa y América Latina. Reside exiliado en los Estados Unidos desde 1989.

Luis García de la Torre

Vive en Santiago de Chile cerca de la Cordillera de los Andes. Es graduado de Licenciatura en Educación en la Especialidad de Español y Literatura en el Instituto Superior Pedagógico "Enrique José Varona" en Cuba, y como Profesor de Lenguaje y Comunicación en la Universidad de Chile. Obtuvo su Master of Organizational Leadership en la Humboldt International University de Miami. En la actualidad estudia para su Doctorado of Education en la misma HIU. Tiene editado los poemarios *Rave Party* (2002) y *Ferocidad: los años sucios* (Betania, 2020), también el libro de ensayos *La Familia Loynaz y Cuba* (Betania, 2017).

Reinaldo García Ramos

Radicado en Miami Beach, ha formado parte de dos promociones importantes de la literatura cubana: las *Ediciones El Puente* y la *Revista Mariel*, dentro y fuera de Cuba respectivamente. Entre sus poemarios destacan *El buen peligro* (Madrid, 1987), *Caverna fiel* (Madrid, 1993), *En la llanura* (Coral Gables, 2001), *Únicas ofrendas, cinco poemas* (Madrid, 2004) y *El ánimo animal* (Coral Gables, 2008). Recibió en 2006 el XI Premio Internacional de Poesía Luys Santamarina, Ciudad de Cieza con su libro *Obra del fugitivo*, publicado ese año en Madrid por *Ediciones Vitruvio*. Su obra poética escrita entre 1969 y 2012 fue recogida en el volumen *Rondas y presagios* (Silueta, Miami, 2012). Más recientemente, publicó *Espacio circular. Quince nuevos poemas y veintidós respuestas a Gerardo Fernández Fe* (Ediciones La Mirada, Las Cruces, Nuevo México, 2017).

Lourdes Gil

Poeta y ensayista, obtuvo su licenciatura en Filología y en Literaturas Hispánicas en New York University y la Universidad Complutense de Madrid. Ejerce como profesora de Estudios de America Latina en el Baruch College de Nueva York, donde se ha creado la Lourdes Gil Scholarship para estudiantes de América Latina. Ha publicado los poemarios *Neumas*, *Empieza la ciudad* y *Ánima vagula,* entre otros. Sus ensayos sobre la literatura y el arte de la diáspora cubana aparecen en revistas especializadas de Europa, America Latina y Estados Unidos. Ha recibido premios de la Poetry Society of America, y de las fundaciones Cintas, Ford y Geraldine Dodge.

María Teresa Glaría (Maité Glaría)

Pedagoga, poeta y editora, estudió Licenciatura en Educación en las especialidades de literatura y español en la Universidad "José

Martí", de Camagüey, Cuba. Se diplomó también en comunicación social; gerencia empresarial; y marketing, relaciones públicas y publicidad. Fue editora de la revista *Ciencia*, de la Academia de Ciencias de Cuba. Vivió varios años en México, donde trabajó como editora y comunicadora y colaboró en diversos proyectos de divulgación científica y cultural. Es miembro de la Sociedad Mexicana para la Divulgación de la Ciencia y la Técnica (Somedicyt). Ha publicado cuatro poemarios: *Amazona de fuego* (2017, editorial Entre Líneas, Miami), *El ala trunca* (2018, edición Imprenta México, Los Ángeles), *El próximo destino* (2019, dedicado al 500 aniversario de La Habana, Editorial Voces de hoy, Miami), y *Vientos de otoño* 2020, Editorial Voces de Hoy, Miami). Es editora de la Editorial Voces de Hoy, de Miami, y colabora con poemas, narraciones y artículos culturales en diversas publicaciones. Actualmente reside en Estados Unidos.

Héctor Manuel Gutiérrez

Ha realizado trabajos de investigación periodística y contribuido con poemas, ensayos, cuentos y prosa poética para *Latin Beat Magazine*, *Latino Stuff Review*, *Nagari*, *Poetas y Escritores Miami*, *Signum Nous*, *Suburbano*, *Ekatombe*, *Eka Magazine* y *Nomenclatura*, de la Universidad de Kentucky. Ha sido reportero independiente para los servicios de "Enfoque Nacional", "Panorama Hispano" y "Latin American News Service" en la cadena difusora Radio Pública Nacional [NPR]. Cursó estudios de lenguas romances y música en City University of New York [CUNY]. Obtuvo su maestría en español y doctorado en filosofía y letras de la Universidad Internacional de la Florida [FIU]. Es miembro de Academia.edu, National Collegiate Hispanic Honor Society [Sigma Delta Pi],

Modern Language Association [MLA], y Florida Foreign Language Association [FFLA]. Creador de un sub-género literario que llama cuarentenas, es autor de los libros *CUARENTENAS*, Authorhouse, marzo de 2011, *CUARENTENAS: SEGUNDA EDICIÓN*, agosto de 2015, y *CUANDO EL VIENTO ES AMIGO*, iUniverse, abril del 2019. Les da los toques finales a dos próximos libros, *AUTORÍA: ENSAYOS AL REVERSO*, antología de ensayos con temas diversos, y *LA UTOPÍA INTERIOR*, estudio analítico de la ensayística de Ernesto Sábato.

Yankilé Hidalgo

Vive hace más de 20 años en Quito, Ecuador. Es profesora de Lengua y Literatura en Liceo Campoverde, Quito y en Universidades de esta ciudad. Consultora Ministerio de Educación del Ecuador, 2014. Autora de la letra de dos canciones seleccionadas para participar en Lo Zecchino D´Oro, Bologna, Italia "Canzone indigena" (2002), "Verso l´aurora" (2012). Es autora de la novela juvenil *Nostalgias de un rey sin corona*, (Santillana, 2009), (Prolipa 2019) y del poemario "Para nada inocente" publicada por El ángel editor, 2017. Sus poemas aparecen en la antología *Paralelo Cero 2018*, y ha sido invitada por dos ocasiones a participar en este festival internacional. Forma parte de la Antología de poetas cubanos: *Versos desde afuera* de Éxodus de Ego de Kaska, Foundation, Miami 2019 y en la Antología *Diez navíos para la memoria*, El Ángel Editor, Quito 2020. Próximamente Libro escuchas publicará su poemario: *La ira de Circe* en forma de audiolibro.

Odalys Interián

Poeta, y narradora cubana residente en Miami, dirige la editorial Dos Islas. Entre sus publicaciones están los poemarios: *Respiro invariable* (La Habana, 2008), *Salmo y Blues* (Miami, 2017), *Sin que te brille Dios* (Miami, 2017), *Esta palabra mía que tú ordenas* (Miami, 2017), y *Atráeme contigo,* en colaboración con el poeta mexicano Germán Rizo (Oregón, 2017). *Acercamiento a la poesía* (Miami, 2018). Ha publicado, además: *Nos va a nombrar ahora la Nostalgia. Donde pondrá la muerte su mirada, Te mueres, se mueren, nos morimos.* Su obra poética y narrativa ha aparecido en revistas y antologías de varios países. Premiada en el prestigioso Concurso Internacional Facundo Cabral 2013 y en el certamen Hacer Arte con las Palabras 2017. Primera mención en el I Certamen Internacional de Poesía "Luis Alberto Ambroggio" 2017 y tercera mención en el mismo concurso de 2018. Fue merecedora del segundo premio de cuento de La Nota Latina 2016. Premio Internacional 'Francisco de Aldana' de Poesía en Lengua Castellana (Italia) 2018. Premio en el concurso Dulce María Loynaz, 2018, en la categoría Exilio. Finalista en los concursos: Pilar Fernández Labrador, y en el Premio Rey David de Poesía Bíblica Iberoamericana (2019).

Rolando Lorié

Graduado de Licenciatura en Psicología en la Universidad de La Habana (1974) y de Asociado en Enfermería en la Universidad del Sagrado Corazón, San Juan, Puerto Rico (2011). Reside en Miami, Florida, desde 1994. Libros: *La solución está en tu mente* (2011) y el libro de cuentos cortos *La Sangre Llama* (editora wwwlulu.com,

2013) Editorial Voces de Hoy. Colabora con varias revistas entre otras *Entre Líneas* (Miami), y *Cuba Nuestra* (Suecia).

Álvaro Mata Guillé

Poeta, ensayista, director teatral.

• Columnista de la revista Libros y letras, de Bogotá, Colombia. director del proyecto: Poesía en tránsito-Corredor cultural, que integra festivales de México, Costa Rica, El Salvador, Guatemala, España.

• Director del Festival Internacional de poesía En el lugar de los Escudos (Estado de México y Ciudad de México y codirector del Festival Internacional Del Norte-Poesía en tránsito, en Monterrey, México.

• Entre sus libros se encuentran: Ósip, Ediciones Estampa, Madrid; Un libro sin nombre, antología, El Salvador; Una serpiente sin alas, Colombia; Un país sin nombre, México; Más allá de la bruma, México; La niebla y lo ausente, Argentina; Separata, México; Debajo del Viento, Argentina y Venezuela.

• Muchos de sus textos se encuentran traducidos al inglés, francés, portugués, italiano, armenio, árabe, entre otros.

• Dirigió también más de diez obras teatrales con su grupo Baco teatro danza y ha participado como actor en varios cortometrajes.

Aleida Lliraldi

Periodista y poeta cubana residente en los Estados Unidos. Su primer poemario, *Junto a la ventana*, fue publicado por la editorial Vitrales en el 2018. Más recientemente, se presentó en la biblioteca visual de autores cubanos Sentado en el aire, del poeta Juan Carlos Recio. Además, sirvió como jurado en el Concurso Internacional de Poesía "El mundo lleva alas" (2019), convocado por la editorial Voces de Hoy y tres de sus poemas fueron incluidos en la Antologia "La Habana convida" de la editorial Primigenios, dedicada al 500 aniversario de la Fundación de la ciudad. A lo largo de su carrera, ha colaborado con antologias, escritos prólogos de libros como el más reciente trabajo del poeta y escritor Rolando Lorié y ha cursado postgrados en especialidades culturales y de periodismo informativo. Aleida es graduada de periodismo de la Universidad de la Habana y realizó estudios en la Escuela Nacional de Arte en la especialidad de Artes Escénicas en Cuba. Actualmente, radica en Carolina del Norte, y escribe su segundo poemario y su primera novela.

Julia Peña

Estudió administración y contabilidad y se ha dedicado principalmente a trabajos de secretariado de dirección y atención al cliente. Destacándose en sus primeros años en su puesto como secretaria de dirección en la Asociación de TV Educativa Iberoamericana, desde allí colaboró activamente en proyectos educativos de contenido audiovisual, tras el lanzamiento del satélite Hispasat. Interesada por las terapias energéticas se inició en el sistema curativo Reiki y se entrenó como terapeuta en la Fundación Sauce de Madrid de la mano del maestro John Curtin. Alcanzó posteriormente su maestría a través de la Lic. Elsa Perdomo Núñez (prima hermana de Lilliam Moro), quien le hizo este regalo en un viaje a Madrid.

Durante años estudió astrología de forma autodidacta, y posteriormente continuó su formación en la Escuela Sermasyo de Madrid, obteniendo su diploma como astróloga transpersonal. Actualmente sigue profundizando en sus estudios y se dedica profesionalmente a esta disciplina.

Como amante de la literatura, especialmente la poesía, escribe desde que tenía 12 años; algunos de sus últimos poemas han sido publicados en la Revista digital de Poesía y Letras Lyrics and Poetry.

Madeline Pedroza Lombana

Ha obtenido diversos premios en poesía y cuento; entre ellos eI 1er Premio en el Concurso Nacional de Poesía *Regino Pedroso,* La Habana 2006, y 2do Premio de Poesía Erótica *Farraluque*, La Habana 2011, Cuba, Premio de mejor poeta de la NPE Award 2016 de Miami, E.U.A. Textos suyos aparecen en las compilaciones poéticas: *Viajando al Sur* (Ed. Mecenas, Cienfuegos, Cuba, 2006), *150 Autores 150 Vivencias* (IV Premio Orola 2010, España), *Aguas Varias* (Ed. Extramuros, La Habana, 2011), *Antología de escritores cienfuegueros...* (Higuerilla Ed. Colombia, 2014), *La voz alucinada* (Ediciones UIS, Colombia, 2015), *Microrrelatos de amor* (Letras como Espada, España, 2015), *150 Autores 150 Vivencias* (IX Premio Orola, España, 2015); *Versos Paralelos* (Ed. Voces de Hoy y Por el hueco de la aguja, E.U.A. *Carildeando* (Ed. Voces de Hoy, 2018, E.U.A.); *Calor de tus palabras* (Mundo Escritura, 2018, España), *Regalo de abuelos* (Ed. Voces de Hoy, 2020, E.U.A.); así como en las obras plásticas del artista Lester Terry Liriano; también en periódicos, revistas culturales y literarias nacionales y extranjeras, y en revistas y blogs digitales. Tiene publicado los libros *Cristales rotos al anochecer* (Ed. Mecenas, Cienfuegos, 2007), *El baúl de los duendes y los Chicherekúes* (Ed. Mecenas, Cienfuegos, Cuba, 2011). Este último libro editado en el 2013 por Higuerilla Ediciones, Colombia, y por la Ed. Voces de Hoy de los E.U.A. 2019.

Alfredo Pérez Alencart

Desde 1987 es profesor de derecho del trabajo de la Universidad de Salamanca, en España. Desde 2005 es miembro de la Academia Castellana y Leonesa de la Poesía. De 1992 a 1998 fue secretario de la Cátedra de Poética Fray Luis de León, de la Universidad Pontificia de Salamanca, y desde 1998 es coordinador de los Encuentros de Poetas Iberoamericanos, que anualmente patrocina la Fundación Salamanca Ciudad de Cultura, en colaboración con la Fundación Camino de la Lengua Castellana. En 2009 recibió, por el conjunto de su obra, el Premio Internacional de Poesía "Medalla Vicente Gerbasi", otorgado en Caracas por el Círculo de Escritores de Venezuela. En poesía ha publicado *La voluntad enhechizada* (2001), *Madre selva* (2002), *Ofrendas al tercer hijo de Amparo Bidon* (2003), *O feitiço da vontade* (2004), *Pájaros bajo la piel del alma* (2006), *Hombres trabajando* (2007), *Cristo del alma* (2009), *Estação das tormentas* (2009), *Oídme, mis hermanos* (2009), *Savia de las antípodas* (2009), *Aquí hago justicia* (2010) y *Cartografía de las revelaciones* (2011). Libros o poemas suyos han sido traducidos al alemán, inglés, italiano, portugués, árabe, serbio, francés, hebreo, búlgaro, vietnamita, holandés, ruso, japonés, estonio, croata, indonesio, rumano, filipino y coreano.

Pío E. Serrano Castellanos

Pio E. Serrano, editor y escritor. Reside en España desde 1974. Estudió Filología Hispánica en la Universidad de La Habana. Ha sido profesor de la misma universidad y ha dictado conferencias y seminarios sobre historia y literatura hispanoamericanas en universidades de Europa, Asia y Estados Unidos.

Fundó, junto a Jesús Díaz, la revista *Encuentro de la cultura cubana*. Obra poética publicada: *A propia sombra* (Barcelona, 1978), *Cuaderno de viaje* (1981), *Segundo Cuaderno de Viaje* (Madrid, 1987), *Poesía reunida* (Madrid, 1988), (en prensa) *El libro de los demonios*. Su poesía ha sido recogida en numerosas antologías. Ha publicado ensayos sobre historia y cultura cubanas en libros y revistas especializados de Europa y América.

Dirige un seminario de literatura coreana en el Instituto Complutense de Estudios Internacionales. Fundador de Editorial Verbum (1990) hasta su jubilación en 2012, desde entonces colaborador honorífico.

Llillian B. Vizcaíno

Es graduada de la Universidad de la Habana, y de profesión historiadora, cuenta con un PhD en Ciencias Históricas. Ha publicado diversos artículos en revistas especializadas de Cuba, México, Venezuela y Estados Unidos. Entre sus trabajos literarios cabe mencionar su libro de cuentos A través de mis ojos, publicado por la Editorial Voces de Hoy, en el 2013 y su poemario Jirones de mi Ser, por Publicaciones Entre Líneas en el 2015. También sus cuentos y poemas han sido incluídos en diversas antologías como: Antología Flores del Desierto, Madrid, 2016; en las dos Antologías *Café Literario* de la Biblioteca John F. Kennedy de Hialeah, 2016 y

2019. Aparece también en la antología *Cien Poetas y más por la Paz*, publicadas en Argentina, en el 2018 y en el 2019. Su libro más reciente es *Aventuras en el lago*, libro de cuentos infantiles publicado en el 2019 por Publicaciones Entre Líneas.

FICHA BIBLIOGRÁFICA POEMAS DE LILLIAM

- **ALICIA EN EL PAÍS DE LAS MARAVILLAS**

Libro: *La Cara de la Guerra*
Publicado por GRÁFICAS ARABI
Torrejón de Ardoz, Madrid, 1972
Primera Edición
Página 30

Libro: *Obra Poética Casi Completa*
Publicado por Editorial Silueta
Miami, Florida, 13 de julio de 2013
Primera Edición
Página 180

- **EL BALSERO**

Libro: *Cuaderno de la Habana*
Publicado por ARS MILLENII
Madrid, 2005
Primera Edición
Página 39

Libro: *Obra Poética Casi Completa*
Publicado por Editorial Silueta
Miami, Florida, 13 de julio de 2013
Primera Edición
Página 94

- **UN DÍA COMO HOY, DAN GANAS**

Libro: *Poemas del 42*
Publicado por Editorial Playor
Madrid, 1989
Primera Edición
Página 21

Libro: *Obra Poética Casi Completa*
Publicado por Editorial Silueta
Miami, Florida, 13 de julio de 2013
Primera Edición
Página 127

- **RECORDANDO A LA ISLA**

Libro: *La Cara de la Guerra*
Publicado por GRÁFICAS ARABI
Torrejón de Ardoz, Madrid, 1972
Primera Edición
Página 76

Libro: Obra Poética Casi Completa
Publicado por Editorial Silueta
Miami, Florida, 13 de julio de 2013
Primera Edición
Página 224

- **MADRID**

Libro: *Contracorriente*
Publicado por Ediciones Diputación de Salamanca
Salamanca, 2017
Primera Edición
Página 45

- **CONTRA LA HISTORIA**

Libro: *Obra Poética Casi Completa*
Publicado por Editorial Silueta
Miami, Florida, 13 de julio de 2013
Primera Edición
Página 28

- **EL POETA MUERTO**

Libro: *Obra Poética Casi Completa*
Publicado por Editorial Silueta
Miami, Florida, 13 de julio de 2013
Primera Edición
Página 37

- **EL MONJE COPISTA**

Libro: *Contracorriente*
Publicado por Ediciones Diputación de Salamanca
Salamanca, 2017
Primera Edición
Página 25

- **EL DIFERENTE**

Libro: *El silencio y la furia*
Publicado por Artes Miami Inc. Editorial Ultramar
Miami, Florida, 2017
Primera Edición
Página 34

- **DESAFÍO DEL LUGAR COMÚN**

Libro: *Ese olor a después*
Publicación independiente en
Amazon Miami, marzo 2020
Primera Edición
Página 43

- **RESQUICIOS**

Libro: *Ese olor a después*
Publicación independiente en
Amazon Miami, marzo 2020
Primera Edición
Página 50

- **LOS FIELES DIFUNTOS**

Libro: *Cuaderno de la Habana*
Publicado por ARS MILLENII

Madrid, 2005
Primera Edición
Página 63

Libro: *Obra Poética Casi Completa*
Publicado por Editorial Silueta
Miami, Florida, 13 de julio de 2013
Primera Edición
Página 107

- **EL VERBO NO CREADO**

Libro: *Ese olor a después*
Publicación independiente en
Amazon Miami, marzo 2020
Primera Edición
Página 65

- **II (FRAGMENTO DEL POEMA EL SILENCIO Y LA FURIA)**

Libro: *El silencio y la furia*
Publicado por Artes Miami Inc. Editorial Ultramar
Miami, Florida, 2017
Primera Edición
Página 28

BIBLIOGRAFÍA LILLIAM MORO

Moro, Lilliam. *La cara de la guerra.*
Madrid: Gráficas Arabi 1972.

Moro, Lilliam. *Poemas del 42.*
Madrid: Editorial Playor 1989.

Moro, Lilliam. *En la boca del lobo.*
Madrid: Editorial Verbum S.L. 2004.

Moro, Lilliam. *Cuaderno de La Habana.*
Madrid: Fundación Cultural Olivar de Castillejo.
ARS MILLENII 2005.

Moro, Lilliam. *Obra poética casi completa.*
Miami: Editorial Silueta 2013.

Moro, Lilliam. *Contracorriente.*
Salamanca: Diputación de Salamanca 2017.

Moro, Lilliam. *El silencio y la furia.*
Miami: Artes Miami, Inc. Editorial Ultramar 2017.

Moro, Lilliam. *Las reencarnaciones de Mamá Inés.*
Miami: Publicación independiente 2020.

Moro, Lilliam. *Ese olor a después.*
Miami: Publicación independiente 2020.

Héctor Manuel Gutiérrez y Lilliam Moro

REGISTRO DE OBRAS
SU TALENTO PROTEGIDO
N.: 312240849
WWW.REGISTRODEOBRAS.ES
TODOS LOS DERECHOS RESERVADOS